[redacted]

LECCIONES DE SEDUCCIÓN

PILAR SORDO

LECCIONES
DE SEDUCCIÓN

Una reflexión profunda desde
nuestro costado más íntimo

Obra editada en colaboración con Editorial Planeta Chilena - Chile

Diseño de portada: Eleazar Maldonado / Factor 02
Fotografía de portada: © Thinkstock

© 2010, Pilar Sordo
c/o Guillermo Schavelzon & Asoc., Agencia literaria
www.schavelzon.com

Derechos exclusivos de edición en castellano reservados para todos los países
de lengua castellana de América Latina
© 2011, Editorial Planeta Chilena S.A. – Santiago, Chile

© 2012, Editorial Planeta Mexicana, S.A. de C.V.
Bajo el sello editorial PLANETA M.R.
Avenida Presidente Masarik núm. 111, 2o. piso
Colonia Chapultepec Morales,
C.P. 11570 México, D.F.
www.editorialplaneta.com.mx

Primera edición impresa en Chile: marzo de 2012
ISBN: 978-956-247-598-3

Primera edición impresa en México: julio de 2012
ISBN: 978-607-07-1237-1

Impreso en los talleres de Litográfica Ingramex, S.A. de C.V.
Centeno núm. 162, colonia Granjas Esmeralda, México, D.F.
Impreso en México – *Printed in Mexico*

ÍNDICE

INTRODUCCIÓN
La seducción es un viaje paradójico

¿Por qué compró este libro? ¿Cuáles fueron las razones para hacerlo? ¿Por qué le llamó la atención el título, la portada? O ¿por qué considera que necesitaba aprender algo en relación a la seducción?

Si lo compró pensando en cómo seducir a un «otro» porque está recién formando pareja, porque a lo mejor tiene un matrimonio hace muchos años y quiere volver a conquistar a su marido o porque está sola y le llamó la atención... Bueno, quiero advertirle que esta es una invitación un poco distinta. Estas lecciones de seducción van a ser aprobadas por usted solo en la medida en que antes pase por un proceso de autoseducción.

Quise escribir un libro acerca de este tema porque en mis viajes a países, sobre todo centroamericanos, me asombró el hecho de que las guatemaltecas o colombianas, por ejemplo, tuvieran una preocupación muy importante por la ropa interior. De hecho, ellas usan en forma habitual conjuntos de lencería; es decir, donde los calzones y sostenes son iguales. Comparé esta realidad con la de mi país y descubrí que esto no ocurre. El porcentaje de chilenas que utiliza ropa interior igual –aun cuando se la compren así– es bajo. En general, las mujeres chilenas tendemos a asociar la ropa interior con algo que se usa para que otros nos vean o nos digan que estamos bonitas; por lo tanto, desde ese punto de vista quedarían fuera todas las mujeres solas y las que llevan muchos años en pareja.

A raíz de estas deducciones me pregunté qué pasaba con el tema de la sensualidad o de la seducción en mi país, y la verdad es que descubrí que ocurren muchas cosas: algunas tienen que ver con fenómenos propios de la mujer, otros de la pareja –por lo tanto, incluyen al hombre– y también fenómenos socioculturales que han ido penetrando en nuestras vidas íntimas.

Voy a describir todos estos fenómenos, desde lo más amplio hasta lo más privado, para entender por qué es importante hablar de seducción y establecer estas lecciones. Además, voy a explicar cómo utilizar este libro de una manera que propicie un aprendizaje continuo y progresivo en el tiempo.

Estamos inmersos en una estructura social que erotiza todo. Los afiches, la publicidad y los medios de comunicación valoran preferentemente lo que tenga relación con el comportamiento sexual. Hasta para vender un tractor tiene que aparecer una mujer con poca ropa, porque aparentemente eso incentiva a que un hombre quiera comprar ese tractor y no otro. Esta sobreerotización social que estamos viviendo tiene determinados efectos en nuestro mundo privado.

Quizás uno de los más importantes es lo que yo denominé en mis libros anteriores como «anorexia sexual». La anorexia, en términos estrictos, es un trastorno de alimentación, en el que las adolescentes o las mujeres que lo padecen no quieren comer porque desean mantenerse delgadas. Pero la anorexia también acarrea problemas con el placer, con el disfrute, con el goce. De hecho, una vez que las personas salen de este cuadro, dejan de sentir placer por las cosas, no disfrutan comiendo ni compartiendo con la gente; no gozan ningún aspecto de la vida.

Cuando hago esta nueva reformulación del concepto y hablo de «anorexia sexual», me refiero a que si estoy todo el día viendo chocolates en la calle —entendiendo por chocolates los millones de carteles, publicidad, hombres y mujeres desnudas en posiciones sugerentes, con cuerpos bellos, etcétera– y llego a mi casa, después de quince años de vivir con mi marido, me enfrento al mismo «chocolate» de siempre y evidentemente no voy a tener ganas de consumirlo.

Probablemente, las razones que damos para no querer tener relaciones sexuales pueden ser muchas. Podemos decir que hay poco tiempo, que los niños nos limitan la intimidad, que el espacio físico no es el adecuado para tener sexo, que nos pueden escuchar, que hay exceso de trabajo y que, por lo tanto, no sentimos ganas.

Pero, sin duda, e independiente de todas esas posibles causas, creo que es importante determinar cuán sobreestimulados sexualmente estamos y cuánto eso nos produce una sensación de anestesia frente a lo sexual, quedando como adormilados frente al tema por estar permanentemente expuestos a una vorágine de imágenes, colores, ruidos y programas de televisión que de alguna manera nos «invitan» al sexo, pero más desde el punto de vista masculino.

Hay programas que hablan de la infidelidad, de la traición, de crímenes por celos, etcétera. En todos ellos existe un alejamiento del mundo femenino, el que enfatiza más en el proceso, en la continuidad, en el aspecto lento de la seducción, en el juego, en la conducta más lúdica, en la conversación, en la profundización de los afectos, para después terminar en una conducta sexual.

Esta sobreestimulación tiende a producir una baja en el comportamiento sexual de las parejas que ya están establecidas; también una exacerbación en las parejas que quieren establecer contacto por primera vez. Y tal vez mucho miedo en quien está solo y no sabe qué le va a pasar cuando encuentre el amor.

Cuando me refiero al tema de la «anorexia sexual» creo que es importante mencionar que somos nosotros quienes valoramos y reforzamos este concepto con todos nuestros comportamientos y preferencias. Si no fuera así, los programas de más alto rating en la televisión no serían los que tienen mayores componentes de sexo y violencia. Desde nuestro mundo interior, mediante las preferencias a esos programas, estamos necesitando sentir algo con todo esto.

Posiblemente, esta sobreerotización se produce por la anestesia emocional en la cual estamos viviendo. Nuestra capacidad para contactarnos con nosotros y con nuestras emociones –la rabia, la pena, la alegría o el miedo– es tan baja hoy día, que cada vez necesitamos estímulos más fuertes que nos hagan sentir cosas: que estamos vivos, que tenemos miedo.

Si uno analiza, por ejemplo, los juegos, como los que se encuentran en Fantasilandia u otros parques de diversiones, nos podemos dar cuenta de que el vértigo, la adrenalina y el miedo tienden a ser cada vez mayores, a diferencia de cuando yo era niña, que disfrutaba con un carrusel y un delfín que subía y bajaba a la velocidad de una ópera o de un vals. Eso para mí era la máxima adrenalina que podía llegar a sentir y me hacía plenamente feliz.

Hoy, producto de la rapidez, la inmediatez y lo desechable, necesitamos experimentar emociones muy fuertes para poder conectarnos con la sensación de estar vivos. Quizás por eso también requerimos estímulos sexuales de afuera, porque nuestro umbral frente a esto, como resultado de la anestesia o poca sensibilidad, ha ido disminuyendo.

Pero esta sobreerotización produce repercusiones distintas en los hombres y en las mujeres. No voy a generalizar, porque las generalizaciones son odiosas, pero hay una tendencia a suponer que el hombre, al verse sobreestimulado en lo sexual, activa su deseo en forma más rápida y, por lo tanto, va a querer propiciar con mayor frecuencia los encuentros sexuales. Quizás a eso también se deba el mayor número de abusos o fenómenos como el *grooming* (acoso sexual por internet).

Eso también explica conductas como las que hemos visto, por ejemplo, de hacinamiento en el metro, donde el toqueteo y el manoseo son habituales en muchos hombres, producto probablemente del mal trabajo interior de esta sobreerotización que, sin lugar a dudas, consumimos y muy pocas veces nos damos cuenta.

En el caso de las mujeres, el tema es un poco distinto y puede provocar exactamente la situación inversa: que producto de esta sobreerotización y además de percibir al hombre excitado o con una conducta activa frente al sexo, la tendencia o la reacción sea inhibir el deseo sexual y, de alguna manera, sentir que jamás se va a poder llegar al nivel de excitación en la que él está.

En general, los hombres que experimentan esta «anorexia sexual» están estresados en términos laborales, tienen depresión, consumen algún fármaco o algún tipo de droga, llámese incluso alcohol. Si no es así, la conducta frente a la sobreerotización en lo masculino tiende a producir una hipersexualización, a veces amarrada con la violencia o con el ejercicio del poder.

En algunas mujeres esto genera, probablemente, el convencimiento de que todo el mundo está teniendo relaciones sexuales, por lo que se presionan también para entrar en el «mercado». Esto les ocurre mayoritariamente a mujeres con parejas inestables, con quienes tienen intimidad antes de terminar de conocerse en otras áreas, y a quienes la presión social les dice que deberían –si son adultas, sobre todo– entrar rápidamente en esa dinámica de comportamiento.

En el caso de los adolescentes es quizás donde más se pueden apreciar los efectos de la sobreerotización, dado lo temprano que inician la actividad sexual, la mala forma en que la viven y la presión a la que se ven sometidos, tanto hombres como mujeres, para tener sexo lo antes posible.

Los que logran mantenerse firmes son quienes han podido incorporar el concepto de sexualidad que vamos a trabajar en este libro: un concepto amplio, asociado a los afectos, a variables espirituales y valóricas, donde yo asumo que mi sexualidad es una entrega al otro y no un acto instintivo que no tiene ninguna connotación emocional y mucho menos espiritual.

Encuadrándonos en este marco no se puede dejar de mencionar el peso de lo estético. Me refiero fundamentalmente a la exacerbación de las cirugías plásticas. Al sentirme más mujer si tengo más centímetros cúbicos de silicona puestos, si poseo más o menos nalga, si tengo o no un cuerpo ideal, excluyo los elementos más profundos de la identidad femenina, que tienen que ver con la calidez, la entrega, el proceso, los detalles y la valoración de la conversación como recurso estimulador, incluso del erotismo.

Decíamos también que las mujeres necesitan un refuerzo desde afuera que les informe respecto de cómo se ven, de cómo están. En la medida en que esa mujer no esté segura de sí misma, va a ser cada vez más dependiente de este refuerzo, de este aplauso.

Entonces hay un tema con la identidad femenina que tiene relación con el sentirse necesarias, con el verse atractivas, con el ser auditivas y, por lo tanto, escuchar que nos vemos bonitas y que nos quieren. También con el hecho de valorar los procesos y los detalles, características que configuran esta predisposición de que es mejor invertir en algo –ropa interior– que se vea y no en algo que no se vea.

Quizás muchas de ustedes, al leer este libro, van a decir: «Bueno, pero hay un tema de precios en lo que se desea comprar». Ese argumento era válido hace diez años, cuando efectivamente comprarse ropa interior era caro, pero hoy día se puede encontrar lencería a muy bajo costo y en lugares tan accesibles como un supermercado o un outlet. Hay algo bastante más profundo que permite que las mujeres prioricemos lo externo –la camiseta, por ejemplo– en lugar de la conducta interna.

También creo que hay actualmente una contradicción social. En algún momento pensé que este libro podía no ser necesario, basándome en los «avances» que aparentemente hemos tenido las mujeres en términos sociales, laborales, empresariales y de seguridad en nosotras mismas. Sin lugar a dudas hemos avanzado. Creo que reivindicamos con más fuerza hoy el tema de la sexualidad; hay un número importante de mujeres que son protagonistas de su propio cuerpo y de sus propias vidas. Por lo tanto, hablar de «lecciones de seducción» sería inútil, o debería uno preguntarse: ¿para qué si yo ya sé seducir, ya sé exigir lo que necesito?

Sin embargo, todo esto corresponde solo a un porcentaje de mujeres, porque aún hay un número enorme que continúa sintiéndose insegura en lo íntimo, a pesar de la seguridad frente a lo externo. En el mundo de lo privado, de la comunicación con el otro o consigo mismas, siguen siendo vulnerables, continúan teniendo fragilidades, siguen existiendo muchos miedos.

Esto se produce –es solo una hipótesis– porque nos hemos preocupado tanto de reforzar lo externo, el tema estético, de vernos delgadas y atractivas, que hemos ido desconociendo los procesos internos que tienen que acompañar estos cambios. Esa seguridad para enfrentar una entrevista laboral, para asistir a una reunión de trabajo o para saber qué ponerse frente a un evento, es menos peligroso de lo que hoy puede ser para una mujer enfrentar al hombre que tiene en casa y, probablemente, menos complejo que lidiar con el machismo de ese hombre.

Frente a lo anterior, muchas mujeres siguen atrapadas en este tema de sentirse necesarias, de asociar el amor con el sufrimiento. Es algo que me llama mucho la atención de las chilenas, sobre todo, pero también de las mexicanas: probamos que amamos en la medida en que sufrimos por el otro.

Cuando yo hablo de sexualidad me estoy refiriendo a mucho más que lo genital; estoy apuntando al ser humano y a su capacidad para darse a través del cuerpo. Y eso incluye la mente, la manera en que esa persona ve a su pareja, la forma en que se establecen las reglas de poder de seducción, de juego, las conductas verbales y las no verbales, entre otras. Por lo tanto, la seducción incluye aspectos corporales, mentales, sociales, espirituales, culturales e históricos de esa persona al momento de enfrentar este acto de entrega.

Abarca también la sexualidad que yo tengo conmigo, a solas, en términos de valorarme en mi género, de sentirme mujer y orgullosa de serlo. Incluye el cuerpo, cuánto lo conozco y cómo funciona. Desde ese autoconocimiento puedo pasar a la autoaceptación y a la autoestima, a la capacidad de quererme. Porque en la medida en que esos tres procesos se consoliden, mi vínculo con el otro va a ser mucho mejor, y si estamos hablando de seducción, esta va a aumentar de manera notoria.

Yo no seduzco solamente en la medida en que juego, hablo o me muevo frente a otro de una determinada manera, sino que además influyen elementos cognitivos, así nos alejamos ya de la conquista y nos acercamos al autoconocimiento, a la capacidad para quererme, cuidarme y buscar los elementos que me hagan sentir bien y plena como persona, y eso va desde lo interno hacia lo externo y no precisamente al revés.

Otro concepto que me importa aclarar antes de entrar de lleno a cada una de las lecciones es el de la fantasía. Muchos de los que están leyendo ya empezaron a deducir distintas imágenes que apuntan a fantasías exclusivamente sexuales. Pareciera ser que esas fantasías conforman o le dan cuerpo al elemento seductor, pero la verdad es que eso no es así. La fantasía es un elemento que nos hace elevarnos desde una conducta práctica o concreta hacia algo que puede hacerse real. Yo puedo tener fantasías conmigo sobre cómo me gustaría verme en términos de cuerpo o en mis comportamientos. Puedo tener fantasías con el otro, que puede ser una pareja conocida o desconocida, en relación a posibles encuentros que yo imagino en mi cabeza.

Uno no solo seduce sexualmente. Uno también seduce para ser simpática, para ser inteligente, para ser atractiva o para poder cautivar en términos de liderazgo dentro de una empresa. Un líder necesita ser seductor; por lo tanto, el concepto de seducción aplicado en este libro involucra, además, la capacidad de envolver al otro o de envolverme a mí misma con un ángel, un aura, una energía especial que se puede tener en forma natural, aunque mayormente se aprende.

Vamos a resucitar la fantasía no como algo sórdido o sucio, como muchas veces se quiere plantear, sino como algo positivo, limpio; seducir o reencantar mi mundo interno e igualmente plantearlo hacia los otros.

Quiero dejar, asimismo, en contexto que cada lección de seducción va a estar orientada a tres grandes áreas. Por un lado, a las personas que no tienen pareja y que necesiten reencantarse con este concepto de seducción, probablemente incluso para poder sanar heridas de historias anteriores.

También va dirigida a la pareja que lleva mucho tiempo junta y que posiblemente ha descuidado el elemento de la seducción, priorizando el cuidado de los niños, el mantenimiento económico, el espacio físico o incluso el mundo social, por sobre este otro mundo.

Y como tercera alternativa, a la mujer o al hombre que está en proceso de conquista y que seguramente son los primeros que se sintieron atraídos por el título de este libro. Son quienes usarían la ropa interior en forma más osada, más preocupada o más consciente, quienes tenderían a cuidar la seducción desde todo punto de vista –desde los aromas, texturas y colores hasta las conversaciones– porque están en esa instancia.

Sea cualquiera de estos tres grupos, se necesita resucitar la seducción como un elemento privado primero, para después desarrollarlo con el otro y, por qué no decirlo, hacerlo público, en el sentido de que este encanto, naturalidad o seguridad trascienda y seamos capaces de apreciarlo en otras áreas, como la laboral o la familiar. Es una seducción más asociada quizás a la palabra «encanto» o «simpatía» que al vocablo «conquista» en relación únicamente a lo sexual.

Es importante mencionar que este libro establece una paradoja o una contradicción. Usted, probablemente, lo compró para usarlo con otro. Sin embargo, si no tenemos la capacidad de generar desde nosotros mismos los cambios hacia afuera, estos van a parecer entrenados, mecánicos, falsos, yo diría que hasta hipócritas y, por lo tanto, poco permanentes en el tiempo. Entonces, la invitación es a que desde el cambio interno, desde eso que yo debo tener dentro de mí para poder proyectarlo hacia afuera, yo me seduzca y logre encantar a mi pareja o a ese otro.

A lo largo de todo el estudio o de la exploración que se hizo en relación a este tema, se concluyó que la seducción siempre parece desarrollarse entre personas que se vinculan. Es por esto que si no hay un receptor de esa comunicación, si no tengo quien me valide la ropa interior que me puse, por ejemplo, pareciera ser que no tiene sentido mi seducción.

También existe la otra premisa de que cuando la mujer usa ropa interior nueva establece un código de comunicación donde le estaría dando claves al otro de que quiere sexo. Por lo tanto, ¿cómo saber dónde voy a terminar si me pongo este calzón y este sostén?, o mejor no me los pongo y así evito de alguna manera esta planificación. Puede ser incluso agresivo ponerme ropa interior y que se asuma de antemano que eso es una especie de invitación implícita a que el otro se me acerque.

Si esa mujer está acompañada, ese hombre va a interpretar con mayor convicción que esa ropa interior está mandando el mensaje de «luz verde» en relación al comportamiento sexual. Y si ese hombre está formado y entrenado desde una familia muy machista, generará posiblemente una conducta de celos que lo llevará a increpar a su mujer y a preguntarle a qué se debe este cambio en la ropa interior, si está saliendo con alguien o si existe un amante. Va a producir así una dinámica de inseguridad, con la consecuencia de que esa mujer, al final, preferirá tener los calzones rotos o caídos, o los sostenes viejos, porque eso dará al otro, a ese hombre inseguro, la tranquilidad de que no hay una infidelidad.

Cuando los hombres son seguros de sí mismos tienden a permitir con mayor naturalidad y libertad que la mujer juegue y practique esta posibilidad de usar ropa interior de una manera distinta.

En el otro bloque, si uno está recién saliendo y sabe que va a tener un contacto sexual, puede que haya una planificación absolutamente consciente de qué ropa interior se va a usar y de qué color, además. Si se escoge rojo, va a dar determinados signos; si emplea blanco, va a sugerir otros; si elige negro, también va a dar otro matiz.

Como acabamos de ver, el placer para una mujer sin pareja es una inversión inútil; también el comprarse ropa interior: como nadie va a verla, no tendría ningún sentido. Para ella es mejor andar bonita por fuera, bien vestida, que eso sí es reforzado socialmente, más que el tema interior. Un gran porcentaje de mujeres se compra lencería solo cuando la necesita, la que tienen está gastada, dañada o ya no les sirve. Incluso, el estudio indicó que el cincuenta por ciento de las mujeres, por decisión personal, no se depila en invierno, argumentando que durante estos meses no se ve, que no es necesario, que es más calentito tener más pelos, que la bota o el pantalón hace que no se note, etcétera.

Ese criterio frente a la depilación es una buena analogía de lo que ocurre con el tema de la ropa interior. Aunque estemos solas, llevemos veinte años casadas o enfrentemos un proceso de conquista, debiéramos tener la misma preocupación por nosotras mismas frente a la depilación. Debiera ser desagradable verse peluda o con vellos largos.

Con la ropa interior pasa lo mismo. En la medida en que no me van a ver los calzones y los sostenes, estos parecen no ser tan importantes. Analizando el tema de la depilación, tenemos que generar un concepto de seducción que tal vez tiene que ver más con el autocuidado y con el autocariño que con el hecho de satisfacer al otro.

Por lo tanto, a eso los quiero invitar a lo largo de este libro. Las formas de leer estas lecciones de seducción son entretenidas y pedagógicas. Cada capítulo corresponde a un mes del año, por eso son doce lecciones. Por lo tanto, si usted está comprando, por ejemplo, este libro en abril, lo que yo le pediría es que leyera los capítulos de los meses anteriores o el libro completo y luego volviera al mes donde se encuentra actualmente y, en ese momento, comenzar a trabajarlos de la mejor manera y en forma secuencial de acuerdo al mes. Ahora, si usted es rebelde por naturaleza y no quiere hacerlo de este modo, tenga claro que cada uno de los capítulos fue diseñado inclusive considerando factores climáticos y de temperatura, para que de alguna manera el aprendizaje sea continuo, evolutivo, acumulativo y, por lo tanto, produzca un proceso de crecimiento interno más profundo y real.

Esa es la invitación de *Lecciones de seducción*. Es una oportunidad para poder crecer primero como persona –como mujer o como hombre– y después, sin lugar a dudas, crecer en pareja para consolidar una mejor relación y una mejor comunicación.

Esta es una invitación a visualizar la sexualidad desde un contexto amplio, absolutamente reivindicatoria del concepto del pudor, del recato, de la belleza interior y de cómo se deposita en el otro la seducción desde mi mundo interno y no desde mi cuerpo. Y también a revalidar la fantasía como un anhelo de aspectos o mundos mejores dentro de mi espacio mental y no solamente como fantasías más «pecaminosas» o «morbosas», como las llaman algunos.

Les quiero proponer vivir un camino de autoconocimiento y así lograr desprendernos de aquello que nos ha ido quitando libertad para poder disfrutar del autocuidado, del goce *por* el otro y *con* el otro. Asimismo, los quiero incitar a aprender a quererse en plenitud desde lo interno, a dejar de «cotizar» o «comprar» todo lo que viene de afuera para que me haga feliz; entender que desde adentro puedo lograr establecer un mejor vínculo conmigo misma primero y, sin duda alguna, eso va a repercutir en la conexión con el otro, si es que tengo pareja.

Y si no la tengo, me va a permitir estar preparada, sana y libre, sin apegos y sin dependencias en la conexión cuando ese otro pueda aparecer. Si no aparece, también puedo llegar a quererme a mí misma en la máxima dimensión que puedo entregar y, por lo tanto, preocuparme de mí, independientemente del refuerzo que yo vaya a obtener de otro.

Así es que los invito a este desafío, a apasionarse con estas lecciones, a ir tomándolas una a una, cada mes, para trabajarlas en forma exhaustiva y perseverante. Vayamos intentando solucionar temas y ver hasta qué punto podemos hacerlo solos. Presumiblemente, descubrirán en la primera o quizás en la décima lección que necesitan ayuda, y a lo mejor eso los lleve a pedir terapia o consejo a alguien que de alguna manera los ilumine y puedan así, ustedes mismos, darse de alta en ese mes en el cual sintieron que estaban obstruidos y que no podían avanzar.

Es una invitación a crecer. Si lo intentan, puede reultar factible que este libro sí logre el desafío maravilloso de que al final sean mejores personas que cuando lo empezaron a leer.

Creo que algo importante de esta obra es que puede convertirse en un compañero de viaje a lo largo de un año entero; durante trescientos sesenta y cinco días pueden tenerlo como consejero y guía en un proceso de crecimiento interno. No pretende ser la biblia de nada, ni dar soluciones, sino simplemente mostrar una alternativa, una mirada nueva de la seducción.

No estamos estableciendo verdades ni grandes teorías, sino solo reflejando, fotografiando o mostrando en un espejo algunas de las conductas que determinan nuestra capacidad de seducción. Terminado este año, voy a ser capaz de evaluar si el aprendizaje se produjo, si el libro logró el efecto que pretendía, si hay que retroceder algún mes en el que me quedé atorada o si es que hay que volver a empezar para profundizar en contenidos que en la primera lectura probablemente pasaron muy rápido.

LECCIÓN 1
ENERO
La autoaceptación:
el primer desafío

Las mujeres altas quieren ser más bajas, las crespas quieren tener el pelo liso, a las de pelo liso les encantaría tener el pelo ondulado, a las morenas les gustaría ser rubias, a las rubias les hubiera fascinado ser morenas, a las que tienen piernas largas y talle corto les hubiera acomodado más tener talle alto y las piernas no tan largas.

Algo nos pasa a las mujeres con nuestro proceso de autoaceptación. En la medida en que vamos creciendo, vamos adquiriendo la sensación de querer ser distintas de lo que somos. En la investigación de mi libro *¡Viva la diferencia!* se pueden encontrar algunas de las respuestas a esta permanente insatisfacción, que no solo está relacionada con nuestro cuerpo, sino también con nuestras relaciones de pareja, con el vínculo con nuestros padres, con nuestras historias emocionales e, incluso, profesionales.

En algunas mujeres que no han trabajado su autoaceptación existe la tendencia a desarrollar una estructura que en ¡*Viva la diferencia!* llamábamos «pensamiento mágico» y que tiene que ver fundamentalmente con una configuración de pensamiento que arma en la cabeza de ellas un mundo perfecto, un esquema ideal de sí mismas y que a la larga, al no plasmarse en la realidad, genera una insatisfacción o una frustración que las hace comparar todo el tiempo su vida cotidiana con este mundo mágico al que les gustaría aspirar. Y en esta comparación, claro está, ellas siempre salen perdiendo.

Quizás por eso el esquema mental ideal que una mujer tiene sobre cómo su cuerpo debería ser es predeterminante en el modo como se relaciona frente a lo erótico, a lo sexual, al otro y también frente a sí misma o a otras mujeres, sintiendo siempre que le gustaría tener menos grasa en las caderas o más busto. Todo dependerá de la concepción que tenga en su mente sobre qué le gustaría llegar a alcanzar.

Todas las mujeres tenemos esta estructura de pensamiento mágico. Algunas muy bien trabajada, por lo que casi no se nota; otras en menor medida, por lo que a veces se manifiesta y puede visualizarse con respecto a determinados temas. Pero hay estructuras muy mal trabajadas, que devendrán en una conducta de queja constante frente a sí mismas y al mundo que las rodea. Es una estructura que, en definitiva, a las mujeres nos dificulta la posibilidad de sentirnos contentas con lo que tenemos y nos deja siempre centradas en aquello que nos está faltando.

En esta mirada con la que nos concentramos solo en las carencias, parece ser habitual que una mujer –al relacionarse con el concepto de seducción– sienta que no tiene el cuerpo, ni las habilidades, ni la conducta emocional para poder conquistar; por lo mismo, tiende a frustrarse y, lo que quizás es más grave, a no poder seducirse tampoco a sí misma. Todo esto producto de que ella parte desvalorizándose, criticándose y, en consecuencia, no explorando ni disfrutando de su ropa interior ni de su contacto con la seducción.

Conocido es, dentro de la psicología, que para llegar a tener una buena autoestima necesitamos cumplir al menos tres grandes procesos. El primero y gran bloque es el autoconocimiento: para poder aprender a quererse, antes hay que saber quién es uno. Este proceso apunta a saber qué me gusta, qué me desagrada, qué puedo o no puedo cambiar de mí para poder mejorar como persona.

La primera invitación en este mes de enero, entonces, es que tanto las parejas estables como los que están solos o los que están seduciendo se pregunten quiénes son y en qué situaciones han adoptado una posición de víctima, haciendo ver que no pueden cambiar una realidad. Preguntarse qué es lo que quiero, con la edad que tengo, qué me gusta de mi cuerpo y qué no, qué estoy dispuesta a hacer o qué no estoy dispuesta a ceder, parecen ser elementos clave en este primer desafío.

Para pasar a la segunda etapa, usted debe tener medianamente configurado este proceso de autodescripción, tanto en relación a las virtudes como a las áreas por desarrollar –prefiero llamarlas así y no «defectos», que es un concepto más estático–. En la medida en que yo tengo claros cuáles son los aspectos que tengo que mejorar, viene el segundo gran bloque que es la autoaceptación. Y esto pasa necesariamente por reconocer y asumir lo que no puedo cambiar e intentar establecer estrategias para lo que sí es modificable dentro de mis posibilidades.

En esta etapa pienso que es importante incorporar el buen humor y la capacidad para reírse de uno mismo frente a las cosas que no se pueden cambiar. Por ejemplo, en mi caso, yo tengo las rodillas chuecas, hacia adentro, probablemente por un pie plano desde chica. A esta altura de mi vida eso ya no lograré cambiarlo, pero sí me puedo reír junto a mis hijos por correr con las piernas chuecas o de que las rodillas se me vean arqueadas cuando me pongo una falda más corta. Frente a eso no gano nada con quejarme, porque no tiene posibilidad alguna de modificación.

En este punto creo que es fundamental el tema del lenguaje que utilicemos con nosotras mismas. Las palabras como «estoy» o «soy» marcan una diferencia gigante en nuestra estructura psicológica. Si alguna dice, por ejemplo, «estoy flaca» es distinto a que señale «soy flaca», porque si digo «soy flaca» hablo de un estado permanente en el tiempo. Yo tengo las rodillas chuecas, pero no es que «esté» con las rodillas chuecas. Por lo tanto, es importante diferenciar a qué espacios de mí misma les voy a dar salida y cuáles son los que tengo que asumir como estados permanentes. Estados frente a los que tendré que desarrollar sentido del humor o fortaleza interna para poder aprender a convivir con ellos. Tengo que empezar a usar los términos verbales relativos a cómo «estoy» de una determinada forma, porque eso me abre un camino para dejar de «estar», si es que no me gusta esa característica. Esto también me permite poder premiar los aspectos positivos o las fortalezas que puedo ir desarrollando dentro de esta configuración de autoestima.

Después de autoconocerme y vivir este proceso de autoaceptación de lo positivo, de lo negativo, de lo que estoy, de lo que soy y de lo que quiero cambiar, viene el proceso de autoestima y de aprender a quererme con eso que acepté. Y, por lo tanto, surge la necesidad de desarrollar las características positivas, potenciarlas, hacerlas crecer y, al mismo tiempo, inhibir o hacer que se noten de la mejor forma todos los aspectos negativos que yo pueda tener.

Por ejemplo, si yo creo que tengo una barriguita un tanto abultada, quizás podría pensar en comprarme alguna faja o modelador que de alguna manera me ayude a sentirme más seductora, siempre pensando en esforzarme para dejar de tener la barriga; modificar esa parte de mí que no me gusta y que probablemente me genera ciertas quejas. Si no tengo busto, puedo pensar en usar un sostén con relleno para compensar ese déficit que puede estar afectando mi capacidad para autoaceptarme.

Cuando recorro este camino logro configurar un proceso de autoestima y llego a quererme con todo lo pequeña que puedo llegar a ser, con todas mis vulnerabilidades. Aquí deseo dejar claro que la autoestima no implica sentirse permanentemente segura de sí misma. Significa estar consciente de cuando no me siento segura implica tomar contacto con mis miedos, con mis pudores, con mis recatos, con las cosas que me avergüenzan.

Quizás las personas con mejor autoestima son aquellas que aceptan con mayor libertad que son vulnerables. Las que disfrazan su autoestima con prepotencia, con agresividad o con una falsa seguridad, son personas que se desmoronan más rápido frente a la primera decepción o el primer conflicto. Es como la construcción de edificios: si no se construyen con un criterio sísmico y son grandes fortalezas, al primer terremoto se van a quebrar y caer. En cambio, un edificio que se mueve, que tiene la flexibilidad de adaptarse al temblor, es una construcción que se va a mantener en pie.

Con la estructura mental y con la autoestima pasa más o menos lo mismo. En la medida en que somos más flexibles, más vulnerables, vamos adaptándonos mejor a los cambios a lo largo de los años. Una mujer a los veinte años no puede configurarse a sí misma, en términos corporales o de identidad personal, igual que una mujer a los cuarenta o un hombre a los cincuenta años.

Eso se va revisando y la gracia que tiene el concepto de autoaceptación y de autoestima es que es un criterio móvil, dinámico, que está en permanente cambio dependiendo de las configuraciones, episodios o historias de vida que una persona experimenta a medida que va creciendo y se va transformando en adulto.

La estructura de pensamiento mágico genera mayoritariamente en las mujeres una especie de boicot a este proceso de crecimiento y de autoestima. Tiende a mostrarle a esta mujer que puede, en su cabeza por lo menos, ser distinta de lo que es en la realidad. Eso puede provocarle frustración y, por lo tanto, inhibirla en su crecimiento interno y en relación al tema de cómo se enfrenta ella misma con su capacidad para quererse.

La invitación del mes de enero, en definitiva, es a que evaluemos quiénes somos, cómo somos y empecemos quizás a mirar nuestro clóset y preguntarnos cómo este refleja nuestra capacidad para seducir. Cómo se muestra en la ropa interior que tenemos, cómo se proyecta eso en nuestros comportamientos a lo largo de la vida, en nuestras conductas de pareja; cómo ha podido manifestarse durante nuestro crecimiento en la adolescencia. Todas las conclusiones que saquemos de estas preguntas son las que van a determinar nuestra primera posición o postura frente al tema de la seducción.

Después de analizar estas interrogantes, vamos a poder concluir si somos extremadamente recatados, si no tenemos pudores frente al tema, si nos sentimos libres frente a la seducción, si usamos o compramos ropa interior por puro gusto o solamente porque otro nos la va a apreciar. Todas nuestras respuestas históricas nos van a dar la plataforma para determinar desde dónde vamos a comenzar este trabajo interno, desde dónde vamos a seguir progresando o a sanar incluso algunas heridas de nuestra historia.

Así que la tarea consiste en ser sumamente minuciosos en las respuestas a estas preguntas para poder tener la base lo más clara posible y decir, por ejemplo: «A ver, yo nunca he usado un sostén rojo porque asocio eso a un tipo de mujer que a mí no me gusta». O al revés: «Siempre he usado ropa interior atrevida porque me encanta seducir a través de cómo me veo». O «ahora descubro que hasta tal edad fui súper conservadora y después de haber vivido tal experiencia cambié mi conducta frente al sexo, a la fantasía y al erotismo». O también alguien puede decir: «Después de que me quedé sola aprendí a cuidarme y a comprarme ropa interior bonita para mí y no pensando en que otro iba a verla», o «después de una infidelidad me di cuenta de que me había descuidado mucho como mujer y me empecé a preocupar de la seducción en forma mucho más consciente». O «llevo más de veinte años de matrimonio y me doy cuenta de que los niños me consumieron la vida y que tengo sobrepeso, pero quiero verme distinta».

Todas estas sugerencias o ideas son caminos para invitarlos a reflexionar sobre cuánto nos conocemos, cuánto nos hemos aceptado y cuánto hemos llegado a querernos. Les quiero pedir, expresamente, que sean lo más cariñosos posible con ustedes mismos, que no se castiguen, sino que se autodescriban libremente y puedan evaluarse sin juzgarse. Que sea una mirada comprensiva, porque uno es la suma de todos esos acontecimientos históricos.

Así es que los aliento a revisar sus vidas. Incluso voy a ir más allá. Quiero que revisen sus familias. ¿De quién aprendieron a seducir? ¿Cómo seducían sus padres? ¿Tuvieron historias de seducción? ¿Nunca las tuvieron? ¿Los crió una madre sola, sin pareja? ¿Los crió una madre con muchas parejas? ¿Los educó un padre solo? ¿No conocieron a su padre? ¿Su madre murió cuando eran muy pequeños? ¿Tuvieron un abuelo que abusó de ustedes, a lo mejor un padrastro o un tío?

Todo eso determina lo que son hoy y el proceso de autoestima que tienen que desarrollar, en el que deben obligatoriamente incorporar estos dolores, errores, aprendizajes, experiencias felices, de éxtasis incluso, porque eso es lo que permite que hoy tengan una posición adulta frente a la sexualidad y a la vida emocional y afectiva. En la medida en que hagan una recapitulación de esta historia –a lo mejor sería aconsejable que la escribieran–, van a ver lo que son desde una mirada más clara y sólida, para recién ahí empezar a explorar en aspectos mucho más profundos de la identidad femenina y masculina.

Esto, sin duda, los va a llevar a un hermoso camino, primero, de autoseducción y autoaceptación, para poder llegar después a una seducción hacia el otro. Y, por lo tanto, les va a permitir configurar, a los que tienen pareja y a los que no, una identidad personal absolutamente lograda, en proceso permanente de cambio, pero teniendo conciencia de que se avanza en lo que soy y en lo que quiero lograr a través de la seducción.

Voy a invitarlos a hacer un orden de los clósets, a revisar la ropa, a ver qué cosas ya no forman parte del estilo que hoy tienen, a mirar esa lencería, a analizar qué usan, qué está viejo, qué está pasado de moda y qué tienen ganas de cambiar para empezar a diseñar dentro de la cabeza un esquema quizás un tanto mágico, pero siempre aplicado a la realidad, de cómo les gustaría dibujar este perfil nuevo de autoseducción para ser depositado en el otro.

Quiero invitarlos también a aplaudirse por los avances que han tenido en el tema de la conquista a lo largo de la vida. Si no sienten que han avanzado, si creen que hay algo que los tiene estancados, enquistados o doloridos, escríbanlo, suéltenlo hacia afuera. Incluso pueden comentarlo con alguien, hablarlo con la pareja o con una amiga, para así poder ir configurando una imagen también desde el otro. Que la mirada de los demás vaya ampliando esta visión de uno mismo y que no solo se configure con lo que yo opino de mí. Hay que descubrir si los otros me ven coqueta, si creen que soy seductora, si piensan que yo tengo problemas con ese tema, etcétera. La evaluación de quienes nos quieren siempre va a ser importante y servirá como retroalimentación para poder completar esta figura de autoconocimiento, de autoaceptación y autoestima.

Cuando me refiero a las mujeres y su pensamiento mágico, quiero dejar claro que la idea no es destruir la magia, sino que, desde la realidad de lo que somos y de lo que tenemos, empezar a añadirle a mi vida toda la fascinacón, el encanto, la belleza, la sutileza y la fantasía que seamos capaces de desarrollar, considerando que esto también pasa por un proceso de voluntad y no solo depende de las ganas.

Muchas de ustedes podrán expresar: «Es que no tengo deseos de seducir ni de seducirme, estoy deprimida»; «tengo conflictos con mi pareja y me siento sola»; «no tengo pareja, qué saco con aprender todo esto si no lo va a ver nadie». Quiero decirles a todas esas personas, un tanto desalentadas, que es normal lo que sienten; pero si uno no logra crecer en lo interior, difícilmente va a poder depositar algo en otro.

La invitación es válida, por lo tanto, para los que están solos, tristes y quizás agobiados por esa soledad. También para los que están seduciendo, para los que están consumidos por la rutina o para los que tal vez tienen un buen matrimonio, pero igual les falta un poco de entretenimiento, de juego y de chispa para reinyectarle energía a los años de convivencia.

Si esta es la lección de enero, no podemos olvidar el factor climático. Si uno está en una ciudad cálida, por ejemplo en la costa, probablemente ya empezó a visualizar menos ropa y más piel. En meses de verano hay un cuidado distinto con respecto a actos tan simples como la depilación, la piel o el color del pelo.

Si usted está viviendo en partes más frías, quizás es menos sensible a percibir esta modificación, pero sí existe dentro de nuestra estructura mental la tendencia a suponer que, a pesar de las bajas temperaturas, en enero o en febrero debiéramos preocuparnos más de cambiar los tonos de ropa. Y eso indudablemente aumenta, sobre todo en las mujeres que no tienen bien trabajado su pensamiento mágico, la sensación de insatisfacción, producto de que empieza a cambiar la moda y piensan que quizás no están «preparadas» porque no se cuidaron en la estación anterior, porque no han revisado su clóset o porque no se han podido preocupar de factores más estéticos.

De hecho, está probado que en las ciudades costeras las anorexias o trastornos de alimentación se producen en mayor cantidad y comienzan antes que en las ciudades mediterráneas, cordilleranas o más asociadas a climas fríos. Esto tiene que ver con los modelos de los que hablábamos en el capítulo introductorio, con los estándares de belleza, de juventud y de cómo la seducción parece estar más relacionada con algo externo, sin entender que esta tiene más que ver incluso con una palabra inteligente, con el sentido del humor, con una mirada cautivadora, con la alegría, etcétera.

Si seguimos pensando que la sexualidad está asociada de manera exclusiva al cuerpo, evidentemente que durante este mes el pensamiento mágico se ve afectado con fuerza. Incluso las personas que viven en zonas de temperaturas más bajas, por ejemplo, a través de la televisión y los medios de comunicación se ven impactadas con la cantidad de mujeres en los *teams* comerciales en las playas, donde muestran cada vez con mayor falta de pudor trajes de baño, nalgas y busto. Al compararse con ellas, evidentemente se pueden sentir desvalorizadas y poco atractivas y, por lo tanto, disminuir su capacidad para cuidarse y para cautivar a otro.

Esa es la invitación del mes de enero: a mirarnos, a trabajar con nosotros, a conocernos y a preguntarle al otro cómo nos ve. A chequear aquello, y en la medida en que ese proceso esté definido y ustedes lo sientan bien trabajado, podemos entonces pasar al segundo desafío –o

al mes de febrero–, que tiene que ver fundamentalmente con un proceso más bien femenino, pero con importantes repercusiones en la
conducta de los hombres.

TAREAS DE ENERO

- ¿Qué elementos históricos o de tu pasado influyeron en tu autocuidado?
- ¿Qué elementos de tu historia familiar, de adolescencia o de pareja han incidido en tu autoseducción o en la conquista del otro?
- ¿Cómo soy hoy en relación a la seducción?
- Revisa tu clóset.

Lección 2
FEBRERO
Mujer buena, mujer mala: una decisión inconsciente

Aunque parezca que el título de este mes es estrictamente femenino, quiero también inducir a los hombres a leerlo con calma, porque ustedes, como varones, influyen en esta decisión inconsciente en la que están llamadas a trabajar las mujeres.

Este es un mes en el que continúa el calor del verano en el hemisferio sur. A través de los medios de comunicación se verifica una verdadera invasión de imágenes de mujeres y hombres perfectos, tostados y tonificados, dando la impresión de que en las playas no hay nadie gordo, no hay nadie feo, no hay nadie pálido ni enfermo. Todo parece ser armónico entre el mar y el descanso; no hay deudas y parece una falta de respeto decir que uno no va a tomar un descanso o no va a tener vacaciones.

Este mundo irreal, que de alguna manera nos invitan a vivir los medios de comunicación, trae en medio de todo esto una celebración: el Día de San Valentín o «Día de los Enamorados». Según mi apreciación y de acuerdo con los estudios que he realizado, las parejas que más creen en esta fecha son aquellas que tienen algún conflicto inconsciente, pues sienten que este día es una especie de salvavidas para reencontrarse y para evaluar si de verdad siguen enamorados. En tanto, las parejas que se llevan bien y que se preocupan conscientemente de trabajar su relación, no necesitan de un día especial. Eso no quita que vayan a hacer algo ese día, como ir a cenar o entregarse algún regalo, pero no van a caer en este vértigo ansioso de tratar de ver qué vamos a hacer, adónde me vas a llevar o cómo me vas a sorprender.

También ese día es una ocasión especial para que las parejas que se están seduciendo puedan formalizar o pedir explícitamente noviazgo; por lo tanto, esas personas, que están en pie de conquista, se van a preocupar minuciosamente de establecer muchas técnicas de seducción, desde una conversación interesante hasta la elección de la ropa interior que van a usar en un posible contacto, sobre todo los más adultos.

Los adolescentes este día van a esperar probablemente un llamado, un mail, una tarjeta vía internet o cosas más dulces que, de alguna manera, hagan sentir que uno forma parte del otro.

Todo este fenómeno emocional y social que acontece durante febrero es una oportunidad para reflexionar acerca de algo que a las mujeres nos ocurre desde que somos niñas y que inconscientemente nos vemos obligadas a elegir –producto quizás de modelos de mujeres en nuestro inconsciente, como María Magdalena, por ejemplo– entre lo que en este capítulo vamos a definir como una «mujer buena» o una «mujer mala».

En nuestra adolescencia comenzamos a definir qué tipo de mujer queremos ser o queremos llegar a consolidar dentro de nosotras mismas. Si elegimos ser una «mujer buena» vamos a optar por ser sensatas, con pocas parejas a lo largo de nuestra vida, con hijos a corto andar después de haber afianzado una relación, buena dueña de casa, ordenada, limpia, muy profesional, responsables con nuestro cuerpo, armónicas, elegantes, sutiles, ingenuas y preocupadas por nuestra imagen corporal.

Pero esta imagen de «mujer buena» viene acompañada de su contraparte, que implica no ser muy buena para las técnicas seductoras, y con eso me refiero fundamentalmente a lo físico. Quizás esta mujer sí va a ser hábil en la forma de conversar, va a ser interesante, puede tener sentido del humor, pero no va a ser muy coqueta ni explícita en su manera de seducir. Esta mujer, además, va a evitar ponerse ropa interior osada, de colores vanguardistas; no va a ser ella la que produzca la excitación y tampoco se manifestará mucho en su conducta sexual.

Por otro lado, está la «mujer mala», que es una persona irresponsable, con muchas parejas y muy liviana en su conducta sexual. Generalmente va a tener pocos hijos, muchos lazos afectivos, pero escasamente profundos. Además, es bastante osada en términos de seducción, desde el punto de vista corporal. Quizás no sea tan preocupada del aspecto verbal o conductual como la mujer anterior, pero sí del uso de su ropa interior, del color que emplea; probablemente, utilice medias con ligas y corsé. Incluso, puede atreverse a bailar, a disfrazarse en la intimidad y a ser, en definitiva, muy arrojada en su forma de seducir a otros.

Si está sola, esta mujer va a estar en permanente conquista. En cambio, la «mujer buena» va a estar más tranquila sola, esperando a que llegue el hombre que románticamente la pueda seducir, y no precisamente desde el punto de vista de lo erótico.

Lo interesante de esta disyuntiva tan abrupta es que nos presenta el desafío de que en algún momento nos encontremos con aquella mujer que dejamos a un lado. Por lo tanto, si yo decidí ser «mujer buena», algún día algo me sucederá en la vida que voy a tener que ir a buscar a esa mujer que creí eliminada –que es esta mujer audaz, preocupada de sí misma, de la lencería y de la seducción– y reintegrar dentro de mí a esas dos mujeres.

Por otro lado, esta «mujer mala» tiene la obligación también de estabilizarse, de reencontrarse con valores más profundos, de buscar una sexualidad asociada a los afectos, a la espiritualidad y a la trascendencia. Es posible que eso la lleve a pensar en la maternidad o en depositar en otros sus mejores dones o talentos.

¿Cómo influyen los hombres en este proceso? Quizás reforzando o estimulando –gracias al machismo que muchas veces está potenciado por nosotras mismas– estos dos tipos de mujer: aquellas con las que se quieren casar y esas otras con las que desean jugar. Al hacer esa definición, que puede ser muy antigua, los hombres están dividiéndonos nuevamente. Por ello, el gran desafío de la mujer hoy, frente a su pareja o frente al hombre que está conociendo, es poder ofrecerse integradamente como una mujer completa, que se preocupa de sí misma, responsable, independiente, que además es capaz de satisfacer sus necesidades y que no espera que el otro venga a hacerla feliz, sino que ella es protagonista de su propia vida. Que pueda mostrar esta conducta seductora en su forma de relacionarse, en cómo se viste, en cómo se comunica profesional y emocionalmente con el otro. Y el hombre también debe tener la capacidad de entender esta integración como un aspecto positivo, que viene a enriquecer la relación de pareja y no a empobrecerla.

Los hombres tradicionalmente machistas van a tender a buscar a esta mujer con la que se casan, pero con quien no pueden hacer muchas cosas que sí hacen con la de «afuera». Esto incentiva la infidelidad y la sensación de que ese hombre, producto de su propia inseguridad, va a preferir mujeres que no tengan integrada esta visión, para así afirmar su identidad masculina.

Una mujer que tiene integradas a estas dos mujeres va a inclinarse por un hombre más evolucionado en términos internos. La mujer que está polarizada, en cambio, evidentemente va a encontrar un hombre que la divide y, en consecuencia, esa relación corre más riesgo de caer en un estado de crisis.

Otro ejemplo que es importante mencionar y que ha sido un fenómeno sociocultural durante este último tiempo, pero que también deja al descubierto cómo funcionamos las mujeres entre nosotras, es lo que ocurre cuando una mujer ve a otra cambiar de comportamiento en relación a la seducción. Un ejemplo de esto es el *boom* de aprender a bailar en tubo. A muchas mujeres les da pudor contar a sus amigas que están tomando clases de ese tipo; de hecho, muchas de ellas lo hacen en grupo para no recibir esta sanción social propia de las mismas mujeres. No podemos desconocer que las grandes críticas frente a las conductas femeninas somos las mismas mujeres. Basta ver que cuando una mujer está con un hombre casado, el castigo natural entre las mujeres se dirige hacia la otra mujer y no hacia el hombre que engaña.

Esas actitudes estimulan el machismo, porque tendemos a proteger al hombre. Pero también esto grafica ciertas sanciones frente al tema de la seducción: si una mujer está aprendiendo a bailar frente al tubo o algo más erótico, la conducta típica de sus amigas es pensar que pasa algo en su relación de pareja, o que esa mujer está cambiando o que tiene un amante. Eso genera una sanción social que tiende a reprimir la capacidad de integración que las mujeres debemos tener con nosotras mismas.

Quizás otro ejemplo importante, desde el punto de vista de lo masculino, es aquella sentencia clásica –que las generaciones jóvenes probablemente ni siquiera conocen– que dice que «para ser una buena mujer hay que ser una hormiga en la casa, una monja en la calle y una prostituta en la cama». Esa división también nos polariza, nos fragmenta en una «mujer buena» y otra «mujer mala», dificultándonos la posibilidad de poder desarrollar ambos polos y buscar el equilibrio.

Por otro lado, también es muy sabido que cuando las mujeres empiezan a buscar esa parte de ellas que dejaron abandonada –sea cual fuere la elección hecha previamente–, los hombres pierden seguridad, entran en crisis y empiezan a sentir que si su mujer de repente comenzó a bailarles o a cambiar su ropa interior, es amenaza de una posible infidelidad.

Evidentemente, esa conducta masculina tampoco ayuda a que la mujer pueda producir la integración –que en el fondo de sí ese hombre también desea–. Al hombre el tema le asusta porque supone que si su pareja adquirió la habilidad de desenvolverse en forma libre en la seducción, porque se depila siempre, porque anda bonita, porque tiene ropa interior atractiva o porque no le preocupa si su marido está o no excitado, ella también podría estar abierta a ser conquistada por otro. De esta manera, esta conducta gatilla muchos miedos en el hombre y tiende a inhibir a la mujer.

Otras inhibiciones tienen su razón de ser en la lectura de códigos. Suele ocurrir que cuando una mujer innova en la ropa interior teme que su pareja recibirá el mensaje de que ella quiere sexo, en circunstancias en que no necesariamente es así. Producto de la interpretación que él hace de la lencería, dándole a esta un gigantesco peso sexual, ella evita ser muy osada para no ser «acosada» o no terminar en un determinado punto, que es el acto sexual.

Es una tarea pendiente para ellos entender que una mujer puede usar ropa interior tremendamente sexy y no tener ganas de seducir, pero sí de conquistar con buen sentido del humor, con una conversación interesante, con una rica comida, con sus rasgos de personalidad, con su forma asertiva de ser o con la manera en que maneja la alegría y los conflictos.

Cuando aprendamos, hombres y mujeres, que la ropa interior no necesariamente da claves para tener sexo, quizás entonces comencemos a disfrutar las prendas sexy y a valorar otras claves de seducción.

Pero debo reconocer en este capítulo que la mujer ha avanzado mucho en la integración de las dos mujeres. Hoy existe la posibilidad de que ella juegue, se sienta responsable y, al mismo tiempo, sea una buena amante. Ha reivindicado el derecho al placer en el acto sexual, y no solamente quiere rendir o cumplir frente al marido. Está preocupada por todo lo relacionado con el erotismo y la sexualidad e, incluso, a veces ejerce demasiada presión sobre el hombre para poder experimentar sensaciones nuevas en lo sexual.

Sin embargo, dentro del ámbito del comportamiento social sigue siendo mal visto por otras mujeres el hecho de que una mujer manifieste públicamente estos cambios de actitud, esta osadía de poder integrar a la «mujer buena» y a la «mujer mala». En cambio, se celebra que una mujer que había sido irresponsable se vuelva responsable. Sigue teniendo un premio social mayor al de la mujer que decide, habiendo sido responsable toda su vida, ponerse «juguetona» en términos de seducción. Algo pasa, entonces, con los miedos.

Es importante reflexionar este mes sobre esto último para poder dilucidar dónde están nuestras mayores barreras: si dentro de nosotros mismos o en la forma de expresarlas hacia afuera. También es elemental identificar dónde están nuestros mayores frenos para poder producir esa integración y avanzar en la seducción.

La invitación en febrero, el mes del amor, es a que las mujeres vayan a su mundo interno y descubran cómo ha sido su caminar en esta elección inconsciente entre la «mujer buena» y la «mujer mala». ¿La han elegido? ¿No la han elegido? ¿Han sido conscientes de la elección? ¿No lo son? ¿Están en este momento reencontrándose con la que en un principio desecharon o todavía están lejos de ella?

Asimismo, quiero dejarles una tarea a los hombres: ver si dentro de sí tienen esta división interna para escoger mujeres, para visualizar a la que tienen en casa, a la que están conquistando o a la que podría llegar a sus vidas. Todos estos cuestionamientos nos situarán en el rol en que estamos y en la posición en la que nos ubicamos frente a la seducción, desde el acto simbólico de la ropa interior hasta la conducta más profunda de la entrega con respecto a la afectividad, la sexualidad y el comportamiento con el otro.

Hombres y mujeres, adolescentes también, revisen en qué proceso están frente a esta elección. El diagnóstico que hagan lo pueden incorporar al trabajo hecho en el mes de enero para así conocerse, autoaceptarse y quererse

más. Es seguro que se les abrirá un camino nuevo de aprendizaje que les permitirá, sin duda,
ubicarse en muy buena posición para el tercer
desafío, el de marzo.

TAREAS DE FEBRERO

- ¿Qué elementos históricos te llevaron a escoger ser una mujer determinada?
- Busca a la mujer que abandonó.
- Evalúa qué elementos hoy te facilitan o dificultan la integración.
- Especialmente para los hombres: evalúa si dentro de ti existe esta división con respecto a la mujer.
- Integra dentro de ti, como hombre, estas dos mujeres: en la tuya o en la que vas a tener.

LECCIÓN 3
MARZO
Mírate al espejo y un poco más allá

Terminan los meses más importantes del verano* y nos encontramos con marzo. «Se nos apareció marzo» es una frase conocida y sufrida por todos. Principalmente porque nos enfrenta a la rutina, y esto dificulta la posibilidad de mirarnos a nosotros mismos, lección que plantearé en este capítulo.

Preocupados como estamos por los gastos y las actividades que se nos vienen, esta invitación no es fácil de ejecutar; sin embargo, es necesario comenzar a hacer el ejercicio. Fraccionadamente primero, más íntegramente después... como pueda, lo importante es hacerlo.

Dada la estructura mental de algunos hombres y mujeres, imagino que la frecuencia sexual disminuye este mes, en comparación con

---

* En el hemisferio sur.

73

la que se da en el verano, cuando el relajo y las horas largas son la tónica. Este cambio pareciera afectar en primera instancia a las mujeres, y en eso influye una característica muy nuestra y que tiene que ver con la dificultad que tenemos para poder separar las cosas.

Si una mujer tuvo vacaciones que la desvincularon física o psicológicamente de su rol de madre o de trabajadora, no me cabe duda de que también pudo tener una mayor frecuencia sexual. Pero volver a su casa y entrar de nuevo en la labor de dueña de casa, de mamá y de trabajadora, se le hace muy fácil. Es frecuente, entonces, que la mezcla de tantos papeles quite de su repertorio las conductas de seducción y de autocuidado en pro de las exigencias que siente que debe cumplir.

En el hombre el tema tiende a ser distinto, ya que separa mejor las cosas. Aun cuando recupera otros roles, su comportamiento sexual debería variar menos que el de la mujer. Sin embargo, nadie está ajeno al peso de este mes, y ellos, efectivamente, también pueden ver inhibidas sus conductas eróticas o de conquista. El estrés, recordemos, afecta el rendimiento masculino en este ámbito.

Está probado, en la gran mayoría de las investigaciones, que uno de los factores que hacen que las parejas que llevan mucho tiempo juntas vean disminuido el deseo sexual no es precisamente el paso del tiempo. Lo que tiende a suceder es que los ritos, todo lo que la pareja hacía en un comienzo para despertar la seducción, como sentarse a conversar y desde ahí empezar un lento camino hacia la «embriaguez psicológica» en busca de la intimidad, se dejan de hacer con el tiempo. No es que el deseo sexual disminuya entonces, sino que se abandonan las cosas que antes se hacían para estimular esas sensaciones.

Por todo esto es clave la fuerza de voluntad en las parejas que llevan mucho tiempo juntas. El decidir sentarse en el living, el regalarse cosas, el usar perfumes y ropa interior seductora, el tener conversaciones interesantes... Todo esto no viene solo, sino que se genera por una decisión.

Para las personas que están solas, esta lección invita a mirarse, partiendo por el espejo. En general, a las mujeres nos cuesta observarnos. Algunas mujeres tienen dificultades para mirar su cuerpo, y mucho más para ser observadas por otro. Prefieren, en su mayoría, tener relaciones de noche o en penumbra, y suelen evitar las conductas seductoras durante la mañana.

El llamado es a mirar el cuerpo, evaluar si necesita algo de cuidado, aceptar lo que no se puede cambiar y establecer pautas de trabajo con los aspectos que sí se pueden modificar. Observándose en el espejo, inevitablemente surge la posibilidad de mirar un poco más allá.

Hay que reconocer que cuando nos miramos al espejo aparecen muchos otros observando con nosotros el cuerpo que estamos viendo. Nos evalúan y nos ponen nota, ayudándonos a reforzar o a criticar nuestra identidad. ¿Qué quiere decir esto? Que nos miramos, pero que en esa acción también incorporamos el cómo seríamos observados por otra persona. Aparecen en el reflejo las penas, los rostros de los que amamos y de quienes nos han hecho daño. El cuerpo es el vehículo que traslada nuestra alma, y al verlo reflejado en un espejo, también surgen ahí lo mejor y lo peor de nuestra historia.

La invitación es para todos: para los que están acompañados; para quienes seguramente les costará más darse el tiempo de mirarse;

para los que están solos; para quienes probablemente este acto estará asociado a la pena de la soledad, y para los que están en proceso de conquista, que podrán enganchar más fácilmente con el desafío. El reto es descubrir qué mensajes trae este cuerpo en sus historias.

El cuerpo habla, desde adentro y desde afuera. Las arrugas, por ejemplo, son el testimonio de nuestras emociones y de las grandes etapas de la vida. Mirarse al espejo es un proceso de autoconocimiento, el primer paso para entrar al centro mismo de nuestra alma, a ese espacio que es íntimo y al que solo debería entrar aquel a quien más amamos y en quien más confiamos, para poder ser todo lo vulnerables que el cuerpo permita.

En una estructura social donde la desnudez es tan común, parece extraño hablar de estos conceptos. Cada vez es menos probable que la seducción a través del cuerpo esté asociada a «dejar algo para la imaginación»: todo es tan explícito que a veces se vuelve aburrido.

Desde que el mundo es mundo, la belleza y la juventud han sido valores asociados al éxito y a la felicidad. Pero el culto a ambos hoy está exacerbado a tal punto, que el temor a envejecer genera la automarginación de una gran cantidad de espacios sociales, desde los laborales hasta los más íntimos.

Por desgracia, estos prejuicios y concepciones frente a la vida dificultan el ejercicio de mirarnos, porque rápidamente aparecen en nuestras cabezas categorías y sanciones que nos impiden dar un vistazo limpio y cariñoso.

Una vez más, estas categorías afectan mayormente a las mujeres. ¿La razón? Porque puede que nos exijan más en este aspecto y porque entre mujeres somos mucho más severas que los hombres entre sí.

En épocas antiguas –también en la actualidad, pero en otras culturas–, hombres y mujeres no mostraban nada de sus cuerpos. El simple talón de una mujer podía generar en el otro la más irresistible pasión con la sola pregunta de «¿qué habrá más arriba?». El acto de seducir estaba más asociado a lo misterioso, a lo oculto, a lo que no se ve, pero que está incitando a ser descubierto.

Mírate al espejo, observa más allá. «Embriágate» con tu historia, con tus arrugas, con tus curvas y con las que no lo son tanto. Acéptate, quiérete y muéstrate al otro. Y si no hay otro, no hagas este trabajo pensando en cuándo llegará, sino como un regalo de autoconocimiento.

Si estás en proceso de conquista, realiza el desafío sin pensar en cómo el otro evaluará lo que estás mirando. Hazlo sin juicios, sin evaluaciones y, por supuesto, sin sanciones. Recuerda que lo que miras es el fruto de tus buenas o malas decisiones. En definitiva, es el resultado de tu historia.

Supongamos que en la primera aproximación frente al espejo, seas mujer u hombre, no te gustó lo que viste. Lo primero que debes evaluar es si esa conclusión la sacaste por ti mismo o porque no te adecuas al esquema mental que tienes de belleza, ya sea por lo que tú crees o por lo que los medios de comunicación definen como «apto para seducir».

Sea cual fuere la razón por la que no estás conforme, es importante que entiendas que desde todo tipo de cuerpo, con cualquier forma, peso o configuración, se puede seducir y sentirse seducida(o). Desde lo que eres, eres amada(o) por otro(a), o podrías serlo.

Lo he dicho anteriormente: la estructura social en que vivimos valora ciertos cánones de belleza que nos hacen un flaco favor, porque nos atrapan en estereotipos, nos quitan naturalidad, espontaneidad y, por sobre todo, libertad para poder vivenciar la seducción desde lo imperfecto y no desde un mundo falsamente perfecto.

¿Qué sucede si yo, aun considerándome «adecuada» en mi imagen y en mi capacidad para seducir, soy rechazada? Desde una mirada femenina, quizás el primer análisis es que frente a la disconformidad del otro debería generarse culpa en mí e inmediata crisis en la autoestima. Pero eso no siempre es así, porque muchas veces quien tiene el problema es el otro que observa, juzga, sanciona y rechaza.

Independientemente de todo, es fundamental comprender que es una obligación con uno mismo intentar estar lo mejor posible no solo físicamente, sino también en lo conductual, lo emocional, lo cognitivo y lo espiritual. Y en la medida en que uno con humildad acepta estar conforme y grata(o) con lo que es, se puede asumir con libertad que no necesariamente el problema está en uno, sino que podría estar en el que observa.

Siempre es bueno escuchar las opiniones de los demás, pero, como veremos en próximas lecciones, esto tiene un límite, con el fin de proteger la propia identidad.

Te invito a poner una linda música, a pararte con ropa frente a un espejo, al más grande que tengas, y preguntarte qué sientes cuando te ves. Anota lo que te gusta y lo que no te gusta, qué puedes cambiar y qué no puedes.

Mírate ahora con ropa interior. ¿Qué dicen de ti esas prendas? ¿Te gustan? ¿Qué información le entregarían a otro(a) si te viera con ellas? ¿Demuestran preocupación y cariño por ti misma(o)?

Por último, mírate ahora sin ropa, y observa más allá... Descubre y anota todo lo que pasa por tu cabeza: qué historias aparecen, qué dolores y qué alegrías te inundan, qué te dice ese cuerpo como hombre y como mujer, qué te quiere comunicar para seguir en este simple proceso de crecimiento en la seducción.

TAREAS DE MARZO

- Mírate al espejo.
- Libera tu mente de juicios. Solo obsérvate, escúchate a ti misma(o) y anota lo que escuchaste.

ABRIL

Hazte cargo de tus sensaciones

Las mujeres no somos netamente visuales, sino más bien auditivas y sensitivas, y quizás por ello es que tenemos algunos resquemores con las sensaciones corporales, en particular con nuestros flujos y fluidos.

Todos los términos verbales con que describimos los ciclos biológicos femeninos tienen una connotación negativa, y esto, aun no queriéndolo, deja consecuencias importantes en nuestra estructura física y psíquica.

Decir que las mujeres nos «enfermamos» una vez al mes, en lugar de menstruar, por ejemplo, tiene que ver con ese significado. Se da una especie de negación de la sexualidad en esos términos. Hablar de flujo vaginal, de leche materna y de la misma menstruación genera en forma automática una cara de asco y la sensación de que es un castigo experimentar todos estos ciclos.

Algunas culturas no tienen este problema, sobre todo las indígenas, que son mucho más sabias que la nuestra. En América Latina, en cambio, este es un tema importante que determina muchas de las conductas relacionadas con la seducción, incluyendo el uso de la ropa interior en las mujeres.

Cuando una mujer está menstruando opta por usar una ropa interior distinta y más cómoda que en otros momentos del mes; lo mismo pasa cuando está amamantando. Lo sé, muchas de ustedes están pensando: «Pilar se volvió loca. ¿Quiere que me ponga sexy en esos días cuando todo es tan incómodo?». Tienen razón. Pero lo que pretendo mostrarles es que en otros lugares y culturas no es así. Si asumimos que las mujeres tenemos una valoración negativa de estos flujos, es probable que cambiemos esta percepción y empecemos a querer dichas sensaciones como parte de nuestra sabiduría. Sin cara de asco, que nada aporta.

Nuestro predominio auditivo y sensitivo, además de los factores culturales, ha influido en esta forma de mirar y de mirarnos. Sin embargo, no podemos quedarnos solo con esa explicación y no intentar crecer en la aceptación de nosotras mismas.

Aplicando este concepto a la ropa interior es importante recalcar en esta lección que si bien es lógico que las mujeres no optemos por lencería sexy en pleno período de menstruación, tampoco deberíamos usar la peor de nuestras prendas. Es un principio clave del proceso de autocuidado. Una cosa es vestirse con ropa cómoda, acorde con lo que estamos viviendo, y otra es darle cabida a lo más bajo del clóset: prendas descuidadas, rotas o viejas. No se debe olvidar que una seduce en todo momento.

En algunos estudios asociados a las sensaciones se menciona que toda secreción del cuerpo no es rechazada mientras esté dentro de uno. Pero al sacarla y verla en el exterior aparece la sensación asociada al asco y al rechazo.

La lección de este mes hace un llamado a la selva, a lo animal que tenemos y que nos cuesta tanto aceptar. A nuestro rol de mamíferos y de hembras. En este camino de lecciones es un deber trabajar por la integración y la reconciliación con nuestros procesos más íntimos, que pasan necesariamente por el entendimiento de los ciclos biológicos.

Si no dijéramos que nos «enfermamos» todos los meses, quizás tendríamos menos cánceres de cuello del útero, y lo mismo pasaría con nuestras referencias conscientes e inconscientes a nuestras mamas y sus respectivas enfermedades.

Muchas mujeres deben estar preguntándose por qué es necesario menstruar, qué tantos beneficios tiene dar pecho o para qué sirve conocer los propios flujos vaginales. Pues yo creo que la mujer, en su más profunda identidad, vive con la menstruación un proceso de limpieza, de descompresión interna que le permite quedar preparada para un nuevo ciclo. Y que este ciclo, sin duda, aporta desde lo biológico un crecimiento interno y espiritual que cualquier mujer indígena podría explicar mejor que yo.

Entender la lactancia como el mayor acto de apego, de alimentación y de generación de anticuerpos para nuestros hijos es más importante que privilegiar unos senos firmes y levantados, un cliché contemporáneo provocado por el individualismo y por un ideal de belleza que nada tiene que ver con el concepto más profundo de la mujer.

En el aspecto médico están también las cesáreas, privilegiadas en los últimos años por las mujeres. Con su advenimiento hemos dejado de potenciar la oportunidad de utilizar el canal del parto en forma natural y espontánea, con toda la maravilla emocional que implica tanto para la madre como para el niño que nace. No me refiero, obviamente, a las cesáreas generadas por razones de riesgo para ambos.

Se da una especie de asepsia generalizada que hace que nos preguntemos qué pasa con el orgullo de ser mujeres. ¡Nos quejamos tanto por menstruar, por estar embarazadas, por todo el lío que significa dar pecho, por cómo nos quedó el cuerpo después del embarazo...!

Todo lo anterior afecta nuestro comportamiento sexual y nuestra capacidad para seducir desde el cuerpo y, por qué no decirlo, desde nuestros ciclos. En relación con los flujos, las mujeres pasamos por las cuatro estaciones del año: desde la más profunda humedad hasta la sequía absoluta.

Es frecuente escuchar a mujeres que afirman sentirse más libres para expresar cariño a sus parejas cuando están menstruando. Incluso, dicen sentirse más excitadas que cuando están en otra etapa del mes. Si bien hay causas hormonales detrás de este estado, también se puede deducir que su libertad para amar se produce precisamente porque sabe que no tendrá relaciones en ese período, puesto que un gran número de mujeres las evita cuando está con la regla. Es decir, opta por disfrutar del proceso, mientras que el objetivo queda postergado.

¿Cómo desconocer, entonces, la importancia que tienen los flujos en el establecimiento de relaciones afectivas? De esta premisa viene la invitación de este mes: a mirarnos desde adentro, desde lo animales que somos. Y a comprender cómo la aceptación de aquello repercute directamente en nuestro comportamiento sexual.

Analiza qué te ha pasado con los flujos a lo largo de tu vida. Recuerda la primera vez que menstruaste: ¿qué sentiste, qué te hicieron sentir?

Si eres hombre, revisa qué te ha pasado con el conocimiento de estos flujos, tanto de los tuyos como los de las mujeres. ¿Alguien te dio explicaciones al respecto? ¿Qué te pasó con ello?

¿Cómo es tu vivencia en relación al tema? ¿Hay algo que trabajar?

Reflexiona con cariño sobre este asunto. Y te vuelvo a pedir: no te juzgues, solo observa y proponte un plan de trabajo. Intenta no avanzar hasta que no sientas que lo trabajaste. Si no puedes, pide ayuda o convérsalo con alguien.

Esta lección es también una proposición para aprovechar en forma positiva la manifestación de estos ciclos. Cada uno de ellos es una fuente de información acerca de nosotras mismas y una clave para el otro. Es fundamental conocer cómo funcionamos las mujeres dentro del mes, ser capaces de reconocer esas cuatro estaciones que les mencionaba y aprovecharlas, sobre todo quienes tienen pareja, ya sea en el proceso de seducción, en el control de la natalidad o en el acercamiento hacia la más profunda identidad femenina.

Cada uno de nuestros flujos es un indicador de un aspecto comunicacional y relacional con el otro. Si los vivenciamos en forma positiva, se convertirán en una fuente motivadora de nuestra capacidad de seducción.

TAREAS DE ABRIL

- Reconoce las cuatro estaciones dentro de tu cuerpo durante cada día del mes para que notes los cambios.
- Valora positivamente cada uno de estos procesos.
- Poténcialos en tu capacidad de seducción.

MAYO

Hacia el camino de la autoseducción

Hemos aprendido en estas cuatro lecciones que la seducción es un proceso que comienza desde adentro. Hasta ahora podemos concluir que tiene más que ver con el cómo somos y con el de dónde venimos que con conductas eróticas manifiestas, tan publicitadas en el último tiempo.

El camino empieza con la autoseducción. Muchos de ustedes se preguntarán qué es esto o cómo se hace. Es simple: solo hay que entender que la autoseducción es muy parecida al concepto real de autoestima o de autocuidado, y que pasa por saber que nada sale hacia afuera si no está dentro de nosotros primero.

Es curioso que las mujeres preferimos comprar una camiseta en lugar de bonita ropa interior. ¿Y si nos desmayamos en la calle? En esa circunstancia, la prenda interior sí pasaría a ser importante, y no le estamos dando el valor que tiene. Esto se explica por una característica muy propia nuestra y que tiene que ver con lo externalistas que tendemos a ser.

Dicha característica, explicada en la investigación de *¡Viva la diferencia!*, se entiende como la tendencia a poner las causas de la conducta, positiva o negativa, fuera de nosotras mismas. Eso explica, por ejemplo, por qué algunas mujeres sienten que los otros las tienen que hacer felices o les tienen que agradecer en forma efusiva actos que ellas mismas han decidido realizar, libre y soberanamente.

La clásica frase «la mayonesa es la que engorda» es una muestra humorística de esta cualidad, que consiste en el valor extremo que algunas mujeres le dan a la opinión de otros, y que termina por teñir sus propias opiniones, elecciones y gustos.

No todas las mujeres poseen tan marcada esta condición, por supuesto. Muchas la han trabajado y han logrado configurar un pensamiento más bien internalista; es decir, más determinado por motores propios que por un foco externo. Estas mujeres «evolucionadas» entenderán más fácilmente el concepto de autoseducción, porque se movilizan por conductas propias y no tanto por refuerzos externos. La seducción, recordemos, es un proceso que comienza desde dentro y desde la autopreocupación, para después, solo después, ser depositado en el otro.

En el caso del hombre, su proceso es inverso: mayoritariamente, tiende a ser internalista; por lo tanto, sus motivaciones para seducir tienen que ver con motores propios. Sin embargo, ellos tienen que aprender a considerar al otro en sus decisiones y preocuparse por lo que su pareja necesita para poder hacerla feliz, sin estar regido por motores exclusivamente individuales.

Por lo anterior, y porque ellos son eminentemente visuales en su programación neurofisiológica, compran ropa interior solo porque les gusta o porque la necesitan, y esta decisión no está necesariamente unida al aplauso o al refuerzo de su pareja.

Las generaciones más jóvenes suelen ser una excepción. Desde la adolescencia, tanto en hombres como mujeres, se aprecia en ellos una valoración distinta de la ropa interior, ya que han incorporado paulatinamente la visualización de estas prendas, asociándolas a la coquetería y al comportamiento seductor.

Mientras tanto, ciertos hombres y mujeres que llevan mucho tiempo juntos tienden a descuidar el proceso de autoseducción y de autocuidado, tal vez porque aparecen otras prioridades que hacen que este elemento pierda importancia.

Es necesario considerar que el amor requiere la voluntad de trabajo y la conciencia cotidiana de que el cuidarse a uno mismo, en el más amplio sentido de la palabra, es lo que mantendrá vivas la conquista y la seducción entre ambos.

La persona que está conquistando se autoseduce con el único fin de provocar la reacción del otro, y la adrenalina de este proceso la mantiene motivada.

Quien está solo debe pensar, seguramente, que trabajar en esta lección no es necesario, porque no existe un otro que evalúe, premie ni refuerce la conducta. A estas personas quiero decirles que, más que ninguna otra lección, esta se ha hecho para ustedes, para los que están solos, para que puedan entender que desde este camino es más fácil resignificar la conducta de seducción, sin que sea el otro el primer objetivo.

¿Cómo realizamos esta autoseducción? En primera instancia, incorporando las lecciones anteriores. Me refiero fundamentalmente a conocernos a nosotros mismos, a aceptarnos y a ser capaces de evaluarnos sin juicios. Desde ahí se configura una actitud que tiene que ver con hacerme regalos. Ese es el primer camino de la autoseducción: descubrir qué quiero, qué necesito y si estoy dispuesta(o) o no a cubrir esas necesidades.

Si respondo que sí, que soy capaz de reconocer qué necesito, qué quiero y cómo lograrlo, la tarea siguiente es realizarlo.

Ustedes recordarán que en la primera lección les pedí revisar sus clósets. Ahora llega el momento de pensar en adquirir algunas prendas para este nuevo proceso de autoconocimiento que están experimentando.

Si no tienen recursos económicos para hacerlo, no importa. Lo que sí les pido es que consideren dentro de sus objetivos el ir de a poco haciéndose regalitos que les permitan sentir mayor seguridad, confianza y, sobre todo, alegría.

En este camino del cómo autoseducirse es muy importante que cada uno libremente escoja qué necesita para mimarse. Unos podrán hacerlo con tiempos para sí mismos, otros con alguna actividad que les guste, algunos estando con los que más aman... No importa cuál sea la vía, lo fundamental es establecer en forma permanente conductas que les hagan bien al alma.

No debería pasar una semana sin tener la posibilidad de haberse hecho un regalo que, insisto, no necesariamente debe ser comprado; solo debe posibilitar la sensación de que hubo una autoseducción en el proceso de crecimiento interior.

Los quiero invitar, finalmente, a vivir el camino apasionante de entregarnos algo a nosotros mismos, de poder confirmar que la seducción tiene más que ver con una sonrisa, con un buen chiste y con ciertas habilidades sociales que con un buen cuerpo o con lo que hoy llamamos «actitud salvaje» o «proactiva». La autoseducción es un camino hacia el centro del alma, no hacia la cultura que valora en forma extrema todo lo que es desechable, frágil y externo.

TAREA DE MAYO

- Hazte un regalo al menos una vez a la semana.

LECCIÓN 6
JUNIO
No siempre el objetivo es el otro

Ya estamos en la mitad del proceso y en la mitad del año. Hace frío* y esto puede afectar la forma de comunicarnos con el otro. Nos replegamos hacia adentro y salimos menos. El comportamiento emocional se contrae, en definitiva, repercutiendo en nuestra sensualidad y maneras de seducción.

El modo de comunicarnos mediante el cuerpo también se modifica. En esta época se dice que nos vestimos para acostarnos. Mantenerse sexy cuando hace frío parece tarea imposible. Lo cierto es que tal afirmación no es real, porque siempre será un tema de actitud. Si no, ¿en qué nivel de seducción quedan los países nórdicos?

Contrario a lo que se piensa, el frío llama poderosamente a la seducción: a estar cerca,

---

* En el hemisferio sur.

a darse cariño con abrazos y con comida, por ejemplo. Actos simples de cercanía que pueden incluso ser más eficaces que un trago en un bar atestado de gente.

Debemos entender que la seducción trasciende al otro y a las condiciones externas. Pero si se ve afectada por ellas, entramos en el tema de hacer una evaluación de cómo vamos en este camino.

Partimos en estas lecciones desde lo que somos, por aceptarnos, por querernos y por desarrollar un espacio de crecimiento interior que implique reconocer dentro nuestro si tenemos divididas a las mujeres entre «buenas» y «malas», y por analizar cómo funcionan dentro de nosotros ellas dos, tanto en hombres como en mujeres.

Luego, evaluamos si nuestra concepción interna ha mejorado frente al espejo y hemos avanzado al entender que la autoseducción tiene más que ver con la autoestima en general y que podemos ser felices por nosotros mismos, sin la necesaria existencia de un otro.

Quiero aclarar que ser feliz desde uno solo se aplica al concepto de autoestima, porque en realidad la verdadera felicidad siempre va a estar depositada en darse a otro, y este no tiene por qué ser una pareja. El concepto de amor universal trasciende al mundo de la pareja y, por lo mismo, la seducción no siempre debe ser enfocada a otro visible, sino más bien tiene que ser vivida como una actitud general frente a la vida. Hemos cargado de tanto peso sexual a la seducción, que solo parece estar unida al comportamiento erótico. Se nos olvida que en realidad está asociada con ese «magnetismo» particular que cada persona tiene.

Nada tiene que ver con estar gordo o flaco, con tener mucho o poco cabello, o con acomodarse a los modelos que el mundo vende como bellos. La apreciación es tan particular y privada que se hace casi mágico lo que el otro me produce con su actitud.

Desde esta perspectiva, todos seducimos, y lo hacemos bajo claves que poco reconocemos con las reglas del apareamiento. En todas las áreas de la sociedad la seducción tiene sus representantes; por ejemplo, en el liderazgo. Un buen líder seduce convenciendo, haciendo participar, conduciendo un proceso y mandando sin que se note.

Un comunicador seduce al público con su

voz, su mirada, su alegría y su prestancia. Una madre seduce a sus hijos cuando les hace cariño y les ordena hacer algo, cuando cocina rico y conquista al marido y a los suyos. La clásica frase de que se puede conquistar por el estómago rompe con la idea de que la seducción es solo un tema de cuerpo y de ropa interior.

Todos los mencionados comenzaron desde adentro desarrollando habilidades que les permitieron acercarse a los demás desde lo mejor que son y desde las más lindas capacidades que poseen, para querer y quererse. Todos ellos tuvieron su victoria personal primero. Cuando eso pasa se puede acceder a la primera victoria pública, la que permite aproximarse al otro con seguridad y confianza.

¿Cómo pretende la autora de este libro que yo ande seduciendo por la vida?, se preguntarán ustedes, asociando este concepto a la coquetería. No me refiero a eso, claro, y nada puede estar más lejos para nuestros objetivos que apelar a esa idea.

Cuando hablo de esta capacidad de seducción un tanto generalizada, que trasciende a la pareja, aludo a un concepto que ya utilicé en esta lección y que es el de «magnetismo».

También lo podemos llamar «ángel», esa aura especial que tienen las personas con buena autoestima, con conciencia de vulnerabilidad y, al mismo tiempo, tan seguros de sí mismos. Ellos tienen esta impronta de colocarse frente al otro desde su encanto, desde sus habilidades y talentos, y también desde sus imperfecciones.

¿Por qué pasa todo esto? Para entenderlo hay que considerar que la sexualidad occidental está tan orientada o enfocada al acto sexual, que ha empobrecido el significado de la entrega. La concepción taoísta, en cambio, incorpora al otro desde un ser espiritual que lleva como vehículo el cuerpo, pero no al revés, como lo asumimos nosotros en Occidente. Acá desconfiguramos el proceso de conquista, le restamos alma y fuerza. Le quitamos lo esencial y lo llevamos afuera, haciéndole perder su verdadero sentido intrínseco.

Para los que están en pareja desde hace mucho, el mensaje de esta lección es buscar todas las maneras de seducción que tiene cada uno, fuera del encuentro con el otro. Es un llamado a recordar, por ejemplo, todas las formas que utilizaron para conquistarse y evaluar cuántas dejaron de usar con el paso del tiempo. A revisar cómo se preocupaban por la presentación personal cuando se encontraban y cómo lo hacen ahora.

Por favor, no me digan que no tienen tiempo. Lo que de seguro tienen son otras prioridades, y en ese aspecto es clave hacer un reordenamiento de ellas con el fin de privilegiar el cuidado de los afectos.

A quienes están solos es importante decirles que es para ellos, principalmente, esta lección. Deben buscar todas sus formas de seducción y así sentirse menos solos. Pero, por sobre todo, es un llamado a no descuidarse en lo interno. La elección de una ropa interior bonita es un símbolo de autocuidado, aun cuando ningún tercero pueda verla. Basta con que ustedes la vean y disfruten.

En el grupo de los que están seduciendo, quizás están los más entretenidos, no por la etapa que viven solamente, sino porque ellos están conscientes todo el tiempo del proceso y, por lo tanto, no descuidan ningún detalle.

Esta conciencia debería estar siempre. La vida sería tan distinta si así fuera, y lo maravilloso es que solo depende de nosotros.

Cuando diseñé esta lección, mi objetivo estaba en hacer entender que la seducción trasciende al otro y que yo puedo sentirme seductora en la medida en que me cuido, y que eso nada tiene que ver con el hecho de tener o no pareja. También era una finalidad que se comprendiera que cualquiera, desde el rol que ejerza en nuestra sociedad, puede y debe ser tremendamente seductor para cautivar, para convencer, para hacer reír y para amar.

No quiero terminar esta lección sin señalar una advertencia que tiene en sí misma un tinte positivo y otro negativo o de cuidado. El positivo dice que si una persona, hombre o mujer, tiene una buena capacidad de seducción a nivel general y ha desarrollado este encanto, esto debería repercutir de forma directa en el establecimiento de sus relaciones de pareja y en el desarrollo de la intimidad.

Sin embargo, si la persona que posee este encanto, este ángel, esta impronta en la forma de relacionarse, tiene una pareja insegura de sí misma, indudablemente su forma de ser generará miedos, celos y conductas rabiosas en ella. Como toda conducta sana, lo es en la medida en que es proporcionada; por lo tanto, cualquier exageración de este magnetismo sí puede ser dañina en la estructura de pareja.

Todo proceso de crecimiento interior genera tensión en las relaciones que ya están establecidas. Las personas que rodean a quien está en proceso de cambio requerirán adaptación, tiempo, flexibilidad y tolerancia, entendiendo que también todo crecimiento puede ser una amenaza afectiva para ellas. Es positivo, entonces, que la persona que está asumiendo este magnetismo sea generosa en ofrecer primero los beneficios de este cambio a quienes ama y solo después vivenciarlos en el mundo de lo social.

He utilizado el ejemplo de la ropa interior en todas las lecciones con el afán de aterrizar a lo práctico el tema de la seducción. Sabemos ya que hay que quitarle el peso sexual y la vinculación con la idea de que a través de ella se está siempre emitiendo un mensaje al otro.

El mensaje tiene que ser hacia mí misma: yo me siento contenta estando linda desde adentro y no necesito refuerzos para preocuparme por tener ropa interior bonita. Yo seduzco desde mi totalidad y no solamente desde lo que me pongo. Ese es el gran mensaje de esta lección.

Los invito a revisar desde dónde seducen y, sobre todo, hacia dónde va esa seducción. En qué roles, aparte de la pareja, seducen durante el día, y con qué atributos.

TAREA DE JUNIO

- Descubre dónde seduces y cómo; haz una lista.

LECCIÓN 7

JULIO

Atrévete a jugar

En una sociedad como la nuestra, que valora la seriedad como un recurso de inteligencia y de profundidad, parece muy difícil hablar del juego, porque se perfila como un contenido poco creíble y con atisbos de inmadurez. Referirse al juego en la pareja o en la seducción en general, entonces, tiende a producir risa y algo de pudor.

Es que el juego es un tema delicado. Si bien es un recurso de salud mental con el que se pueden probar roles nuevos, ensayar conductas y desarrollar habilidades emocionales, parece siempre estar asociado a hacer el ridículo. Genera cierto temor también, porque a través de él perdemos la estructura. Produce mucha gracia en quien lo observa y un grado de angustia en quien lo practica, porque quedamos sin máscaras a la vista y, evidentemente, no todos están dispuestos a exponerse de esa forma.

El adulto chileno, por ejemplo, es malo para jugar, en general, pero el hombre es mejor que la mujer en este tema. Hay diferencias de género que son importantes.

Las mujeres dejamos de jugar a corta edad. Como lo explica la investigación de *¡Viva la diferencia!*, esto se debe a que tempranamente sentimos la urgencia de ser necesarias. Demasiado pronto entendemos que el juego es una pérdida de tiempo en relación con lo que podemos aprender para ayudar a otros.

Es por esto que jugar a las muñecas, por ejemplo, es un juego, pero con sentido de aprendizaje. En realidad, es un juego de roles en el que se aprende a ser mamá, como una habilidad que se usará para otro y no para sí a lo largo de la vida.

Si se juega a las tacitas, también se está aprendiendo una habilidad que se practicará para los que se ama: es un entrenamiento como dueña de casa. Y así ocurre con casi todos los juegos femeninos de la infancia; la mayoría de nuestros juegos son de roles. Los juegos de niños, en cambio, tienen que ver con el desarrollo de habilidades corporales y su objetivo es reforzar la masculinidad y el disfrute en sí mismos.

Ellos nunca dejan de jugar y necesitan tener «algo» con que hacerlo. Desarman o arman cosas, tienen un *hobby* que practican contra viento y marea o un canal de televisión que les encanta ver.

Cuando crecemos, en este camino de integrar la «buena» con la «mala», las mujeres también nos vemos en el desafío de empezar a practicar conductas de juego, ya que estas son las indicadas para producir dicha integración.

La «mujer buena» nunca ha jugado, sobre todo en relación con el área de la intimidad o de la conducta sexual. Para la «mujer mala», en cambio, el juego es su especialidad. De ahí el prejuicio de pensar que la conducta de juego en la intimidad está asociada a la libertad sexual con connotaciones negativas, lo que produce inhibición frente a cualquiera que la pretenda practicar.

Hoy, sin embargo, cuando la mujer se está atreviendo más a fusionar dentro de sí misma a ambas mujeres, la conducta de juego tiende a aparecer con mayor libertad y con menos sanción. El baile en el tubo y el uso de lencería más sensual son estupendos ejemplos de esa integración.

En general, la conducta de juego hace rememorar en el inconsciente colectivo los rituales de las tribus y tiende, por lo tanto, a sacar de nosotros esa parte más «salvaje» o «primitiva», y la que erróneamente censuramos.

Los que están en pareja hace mucho tiempo tienen mayor dificultad para poder aplicar conductas de juego, porque la rutina hace del proceso de intimidad un acto mecánico y no creativo. Estos se ven en la obligación de aplicar la fuerza de voluntad para poder planificar actividades de pareja sin la presencia de los hijos, cuando los hay, con el fin de resucitar elementos de coquetería y de seducción que les ayuden a recuperar los momentos íntimos que al comienzo de la relación eran tan naturales.

Muchas parejas, sobre todo las más adultas, dicen no haber jugado nunca con el otro, y las razones, frecuentemente, son la asociación del juego con la frivolidad y la vida licenciosa, y a aspectos poco valóricos.

Creo que el amor, para mantenerse en el tiempo, necesita incorporar aspectos lúdicos que les permitan a ambos encontrarse en planos distintos a los habituales y cotidianos, donde el humor sea el espacio ideal para distender la relación, para aumentar la confianza y para expandir la seducción hacia áreas desconocidas.

Otra manera simple de jugar para los que están juntos, y no excluyente para los otros grupos, es el cambio de color en la ropa interior, porque están asociados a la emisión de distintos mensajes que pueden permitir el aumento de la conducta lúdica en la pareja.

Los que están solos sienten, evidentemente, que quedaron fuera del juego y que este solo podría ser retomado cuando encuentren una pareja, pero creo que no es así. Ellos están llamados en este camino de la autoseducción a atreverse a jugar en privado frente al espejo, quizás probándose o comprándose ropa interior diferente, viendo cómo se sienten... El juego también es un elemento que parte desde uno y que no necesariamente debe depositarse siempre en el otro.

El último grupo es el de los que están en proceso de conquista; ellos utilizan conductas de juego porque es la mejor forma de llegar al otro de manera relajada y con humor. Juegan naturalmente porque entienden que la conquista debe incluir este aspecto.

Este grupo es quizás el que más se permitirá cambiar colores y modelos, y romper, dado el mes en el que estamos,* con las cadenas que indican que el frío contrae el mundo emocional.

Me parece fundamental descubrir qué conductas lúdicas tengo fuera del comportamiento sexual: si tiendo a sacar al niño o a la niña que llevo dentro, o si solamente aparecen el padre o el adulto en nuestro mundo relacional.

Si solamente salen estos dos últimos, significa que la conducta de juego en mi vida no está permitida. Como todos los extremos son malos, tampoco es razonable que mi forma de funcionar esté gobernada por el niño(a), ya que las conductas impulsivas serían las que dominarían mi comportamiento. Es necesario equilibrar y saber utilizar tanto al padre como al adulto y al niño en el contexto más adecuado según la situación.

En esta lección los quiero invitar a jugar. Los niños pueden ser un estupendo vehículo, porque les pueden permitir ensayar el juego con su ejemplo. Pinten, canten, bailen, rían, salten y ha-

---

* Época invernal en el hemisferio sur.

gan todo lo que se pueda calificar como conducta de juego.

Analicen cómo se sienten, descubran cuán capaces de seducir son cuando juegan y, sobre todo, cuán contentos se les ve haciéndolo. Quizás descubran con dolor que hace muchos años que no juegan o, peor, que jamás lo hicieron. Sin embargo, nunca es tarde para recuperar la capacidad para volver a conectarse con el niño que sigue estando ahí y que espera ansioso poder salir.

En el ámbito de la intimidad, solo se podrá jugar en la medida en que la conducta de juego se pueda aplicar también a otras áreas de la vida. Es curioso comprobar cómo con la conducta de juego pasa lo mismo que con la seducción: solo se puede experimentar en términos privados cuando uno la tiene incorporada en el alma y es capaz de vivirla de manera integral y no solo desde lo sexual.

Finalmente, en este capítulo les invito a moverse, a descubrir la cantidad enorme de facetas y rostros que tenemos todos los seres humanos y que, en la medida en que los conozcamos, los queramos y los usemos de forma adecuada, nuestra profundidad, espiritualidad y trascendencia aumentarán notoria y maravillosamente.

TAREA DE JULIO

- Atrévete a jugar y saca al niño(a) que llevas dentro.

LECCIÓN 8

AGOSTO

Distorsiones en la seducción: el juego del poder

Muchas veces se traduce la seducción como el ejercicio de poder sobre otro. Por ende, suele asociársela también a la práctica de violencia, de pornografía y de otras alteraciones en la conducta sexual.

No hay duda de que este tema es clave en la relación de pareja. En líneas generales, se plantea que las mujeres ejercemos el poder o manipulamos mediante el sexo, mientras que los hombres lo hacen por medio del dinero.

Estas dos formas de ejercicio alteran el principio básico de la seducción: el regalo que yo le doy al otro con mi comportamiento seductor. La seducción es absolutamente incondicional y fruto de un acto generoso y no utilitario, como suele pensarse. En su esencia, nunca busca conseguir «algo» del otro.

La coacción puede tener su espacio dentro del juego de la seducción, pero más allá de ese nivel queda fuera de contexto y, por lo tanto, comienza a situarse en el ámbito de la violencia.

Muchas veces, el uso del poder, explícito o no, se inicia como parte del juego; después de un tiempo ya empieza a vivenciarse de una manera distinta, más relacionado con la agresión.

Es sabido, por ejemplo, que el uso de la pornografía en una relación atrae a las mujeres solo en un comienzo. A los hombres, en cambio, les gusta más este recurso, probablemente porque son más visuales. Con el tiempo, la mujer comienza a sentir que el hombre se excita con la que está en la película y termina el proceso con ella solamente porque está al lado. El ejercicio del poder aquí ya está activado.

Quienes están en una relación de pareja estable tienen más vicios dentro de la coacción del poder, porque incluso puede que no se den cuenta de que lo están ejerciendo. Formas clásicas de este uso son las descalificaciones, los silencios, los castigos, las «transacciones» comerciales mediante la conducta sexual, los celos, la negación del otro, la ironía y el humor sarcástico, entre otros.

Si llevamos la seducción al plano más íntimo, es necesario señalar que la sutileza y la delicadeza son claves para no dañar la relación a causa del mal ejercicio del poder. En este sentido, el humor y la capacidad para reírse de sí mismo parecen importantes para mantener el lenguaje en una conducta de juego; si este humor se sale del diálogo, rápidamente podemos pasar a la conducta violenta.

En el plano de lo público, la seducción puede ser asociada a la chabacanería, donde el límite entre el encanto y la elegancia respecto al uso y no uso del poder se vuelve muy fino y delicado si no se tiene presente el contexto en el cual se adoptan estos conceptos.

Para el que está solo, el ejercicio del poder puede quedar restringido a la forma de establecer el contacto, y este iría desde lo más inhibido hasta lo más avasallador; en ambos extremos es posible que no resulte. Como en todo, el término medio es el secreto.

Los que están conquistando, en cambio, juegan a establecer pautas de poder: van probando los límites y los espacios desde el principio. Lo primordial aquí es no rigidizarse en esto desde el comienzo de la relación, ya que probablemente eso determine el fracaso de la misma.

En la estructura de las relaciones pareciera ser que lo que me atrajo del otro cuando lo conocí es la misma característica por la cual termino quejándome.

Si me gustó, por ejemplo, porque tenía buen sentido del humor, lo más probable es que a través de los años, si no lo he sabido codificar, voy a considerarlo superficial y alguien con quien no se puede hablar en serio.

Si me gustó porque era protector y seguro de sí mismo, es posible que con los años atribuya estas cualidades a un exceso de prepotencia y lo vea como un ser dominante.

En el establecimiento de las reglas de poder considero importante destacar que estas son inevitables. Tal vez la clave está en la flexibilidad, en el movimiento de los roles y en el intercambio de ellos con el fin de no volver rígida ninguna posición determinada dentro de la relación.

Gracias a la revolución sexual femenina, con la cual reivindicamos el derecho al placer, hemos llegado a tener una conducta mucho más desinhibida y libre y, en algunos casos, más exigente frente a la conducta masculina, lo que podría interpretarse como un aprendizaje en la habilidad para seducir. Sin embargo, quiero dar una señal de alerta e indicar que en ese ejercicio de poder agresivo y manifiesto solo hay seducción cuando esta está enmarcada en la conducta del juego. Fuera de ella, claramente no lo es y termina inhibiendo al hombre.

Esto también es válido para la conducta de los hombres, que suelen interpretar el uso de la violencia y la presión como elementos de seducción, aunque a veces la mujer no lo sienta así.

Entendiendo que en una relación de pareja es inevitable el establecimiento de reglas o juegos de poder entre ambos, quiero pedirles una reflexión sobre cuáles son las reglas de poder con las que se manejan en lo cotidiano. Esto no necesariamente incluye solo a la pareja, es una oportunidad para analizar cómo o en qué posiciones se mueven ustedes dentro de la sociedad.

¿Establecen poder mediante la autoridad que tienen o de la simpatía? ¿Logran lo que quieren seduciendo a través del mandato, de habilidades asertivas o quizás de la prepotencia? Les hago analizar esto desde un contexto más amplio, porque es muy probable que los mismos códigos que empleen en su movimiento social aparezcan, tarde o temprano, en su mundo privado. O quizás, por el contrario, utilicen en el mundo privado exactamente el modo inverso del que usan en el mundo público.

Puede haber dueñas de casa que al leer esto digan que no tienen mundo público. No es así, porque ese mundo pueden ser sus amigas, el colegio de sus hijos, el médico de los niños o su familia extensa: padres, hermanos, primos, etcétera. Y frente a ellos también deben estar establecidas algunas formas particulares de poder.

¿Para qué se usa? ¿Cuál es el objetivo de que exista? La respuesta es que muchas veces ese ejercicio se activa simplemente para lograr lo que yo quiero, aun cuando ni siquiera tenga claro qué es, por lo menos conscientemente.

El ejercicio del poder da seguridad y confianza, pero vende una ilusión que si no se flexibiliza rápidamente, se rompe y puede destruir los cimientos básicos de cualquier relación. No solo me estoy refiriendo a las relaciones de pareja, sino a todas las que uno establece en la cotidianidad.

Estoy llamando a desmantelar los juegos de poder en la relación, pero debo pedirles a ambos, hombres y mujeres, no reprocharse por situaciones pasadas con el fin de decir que no a un momento de intimidad, por ejemplo. No es limpio, porque se estaría usando o manipulando con un argumento aparentemente trabajado tiempo atrás. Los invito a no victimizarse y a asumir que uno tal vez no perdonó alguna herida del pasado. Decir que el otro erró y seguir recordándoselo es una distorsión en el camino de una sana seducción.

Para evadir la intimidad o para justificar el no querer entrar en una seducción amplia y generosa, muchos recurren a la realidad de los hijos, del trabajo o del no trabajo. Si somos honestos, tenemos que concluir que uno ha decidido tener la vida que tiene y desde ahí, con todas sus dificultades o facilidades, existe la obligación de crear para uno y para los que ama la mejor vida posible.

Acá lo importante es resolver los conflictos donde se generan. Si son en la cocina, hablarlos en la cocina. Si son de dinero, sentados en el living o en una mesa. Porque trasladar siempre estos problemas al espacio íntimo de seducción, el dormitorio, claramente parece ser un problema.

TAREAS DE AGOSTO

- Los invito a revisar las reglas de comunicación de la pareja: cuánto se intercambian los roles de lo que se hace, cuánto están dispuestos a reconocer el puesto de poder que tienen y, por lo tanto, cómo esto genera tensiones dentro de la relación (en el dinero, en los niños, en el sexo).

- A quienes están solos les quiero pedir que descubran en sí mismos cuáles son las formas que tienen de comunicarse con el mundo y dónde están sus anzuelos de seducción.

LECCIÓN 9
SEPTIEMBRE
Si exiges o cumples, no seduces

En el proceso de independencia femenina se han instalado dos grandes tendencias, cada una con un sinnúmero de matices. Más que dos tipos de mujeres, en este caso siempre se trata de conductas que se asumen en relación con la vida íntima y que tienen que ver con el control sobre el otro.

Una de ellas se da en la mujer que asume que tiene que cumplir con la pareja, por lo que tiende a ser sumisa en apariencia, pero en los hechos es ella quien establece el control en forma pasiva. Una de sus motivaciones para actuar así, no respetando sus propias necesidades, es el miedo. Miedo a que el otro le sea infiel, a perder al hombre si no hace bien su «tarea». Tiene miedo a los problemas en la relación, por lo que solo cumple, haciendo una especie de ticket para no ser molestada, por lo menos dentro de una semana más.

Esta mujer acumula rabia, porque el hombre que la acompaña no siempre es cariñoso ni valora el proceso, sino que muchas veces, por el contrario, ejerce un poder sexual que apunta solo a ese objetivo y que considera poco los afectos de ambos.

Ella, inconscientemente –aunque no del todo–, siente que podría vivir sin tener relaciones sexuales, que le quitan horas de sueño y que la intimidad es parte de sus «funciones» como mujer. Visualiza la sexualidad como algo separado de ella. No la percibe como un disfrute y quizás ha tenido en su historia un aprendizaje difícil en el área emocional.

No experimenta placer frecuentemente, porque le falta el contexto afectivo. En general, la mujer necesita estar bien antes de tener intimidad; el hombre, en cambio, está bien después de que la tiene.

Esta mujer que solo cumple, evidentemente no se siente compenetrada con el otro. Lo ve más bien lejano e irrespetuoso.

Tampoco dice ni manifiesta lo que le pasa: ella «castiga» al otro no transmitiéndole placer.

No es que no lo ame, pero en el área sexual existe un problema.

En relación con sus conductas personales, esta mujer no se preocupa de contar con ropa interior bonita, porque evita a toda costa emitir mensajes que puedan ser interpretados como señales de seducción. Además, si los emitiera, probablemente generaría en la pareja una buena dosis de inseguridad.

Tiende a ser muy retentiva también: recuerda todo lo que su pareja le ha hecho y a pesar de insistir en que lo ha perdonado, lo reprocha una y otra vez.

En su cabeza y en su corazón, esta mujer tiene el anhelo de noches románticas, donde el afecto privilegie lo sexual y en donde se converse mucho antes de entrar en la intimidad; sin embargo, tiene miedo de decirlo porque cuando lo habla, lo hace desde la rabia y todo termina en discusión.

Admite que le gustaría verse más bonita. A lo mejor se ha descuidado a sí misma, producto del enojo que ni siquiera tiene procesado. Asimismo, le llama mucho la atención, además, ver mujeres más activas y apasionadas, porque es una experiencia que ella siente muy lejana.

No seduce con su actitud de cumplir con lo que siente como su «deber». No porque no sea apasionada, sino porque no se quiere y se autoagrede constantemente al no respetar sus necesidades y motivaciones.

Este perfil de mujer requiere con urgencia hacer un trabajo con ella y con su pareja. En realidad, a ninguno de los dos les sirve este sistema. De hecho, es muy probable que él perciba que algo no anda bien porque no logra que ella disfrute. Acá el desafío sería hablar, hablar y hablar. Es fundamental darse el espacio para conversar, para reírse, para encontrarse y comunicarse más allá de la intimidad.

Otro factor importante es la edad. Por alguna razón, estas mujeres sienten que ya pasó la etapa de jugar, que «ya no están para esos trotes» y que desean una vida más tranquila. Como si a cierta altura solo correspondiera una vida reposada y sin alegrías.

¿Qué necesita ella? Primero, revisar su clóset, cambiar colores, ponerse aretes distintos, probar todo lo necesario para recuperar su seducción, pero no desde lo sexual, sino desde su autoestima. Es un camino lindo y desafiante en el que necesariamente hay que incluir al otro para que el resultado sea óptimo. El trabajo que debe hacerse tiene que hacer foco en cambiar los paradigmas más profundos acerca de la sexualidad y que probablemente estén relacionados con raíces históricas y culturales que necesitan ser conversadas.

En el otro extremo, donde se agrupa la gran mayoría de las relaciones, está la mujer que exige. Aparentemente, ella se ve súper evolucionada y se supone que está a años luz de la anterior porque ha reivindicado su derecho al placer. Se ve como una mujer independiente, que dice no necesitar pareja y ejerce todo su control para que las cosas se hagan como ella dice. Si no es así, «hasta luego y mucho gusto» es lo que se escucha, argumentando que ella no está para pasarla mal y que «prefiere seguir sola».

Exige placer y estilo. Marca cuánto se quiere comprometer y pone los límites de lo que necesita y hasta dónde está dispuesta a dar. Lo cierto es que esta mujer no se distancia tanto de la anterior, porque su exigencia también sale de la rabia y su base de sustentación también es el miedo. Ella se protege de su vulnerabilidad mediante su postura en extremo independiente y siente que este mecanismo le ayuda a no ser dañada por el otro.

Sí se preocupa por su ropa interior, porque es parte de su estrategia de control, y aunque no sea el prototipo de belleza premiado, juega mucho con su conducta porque es desde ahí donde exige y conduce las cosas como quiere que sean. Dice sentirse libre, pero en el fondo tampoco se da espacios espontáneos y soberanos para la seducción profunda.

La pareja, además, tampoco se siente acogida en esta relación. Si bien puede ser muy atractivo tener una mujer tan activa e interesante, a corto andar él siente que se inhibe y que no puede adoptar conductas que le permitan desarrollar su masculinidad en su total magnitud. Comienza a cohibirse y a percatarse de que no tiene mucho que hacer porque todo lo realiza ella.

El camino real hacia la seducción es equilibrado y tranquilo. Permite jugar con los extremos –y es bueno que así se viva–, pero tiene más que ver con una buena conversación que con una actitud demasiado sumisa o atrevida. La consigna parece ser «ni tanto ni tan poco».

Los orientales plantean que solo hay dos fuerzas para actuar en la vida, y tienen toda la razón. Son el amor y el miedo, y agregan que todas las emociones del ser humano subyacen en estas dos.

En esta lección vemos que ambos polos de mujeres se movilizan desde el miedo, y que el amor y la entrega desinteresada en el otro no pertenecen al mundo emocional de ninguna. Por lo tanto, para ambas, el camino a transitar es el mismo.

Una «se entrega» para cumplir, no provoca y se autolimita en el placer. La otra, en cambio, es incitante y provocadora, juega y determina cómo quiere que sean las cosas. El gran equilibrio, como en todo, parece ser tomar del polo opuesto lo que me sirva y desechar lo que me haga daño. Esto beneficia al otro en forma directa, porque la seducción es una conducta relacional y no necesariamente hacia el otro, sino que desde mí mismo.

La invitación de este mes es a descubrir de cuál polo de mujer estoy más cerca y verificar las sensaciones que provoco en el otro, con el fin de trabajar lo que me hace más falta para producir la integración en mí, primero, y después en la relación. Se deben retomar las lecciones 1 y 2, que ayudan a entender cómo producir el cambio.

Como dice el título de esta lección, «si exiges o cumples, no seduces»; por lo tanto, un poquito de todo parece ser la solución. Si los grandes motores de la vida son el amor y el miedo, entonces tenemos que concluir que la seducción sana y limpia es una entrega incondicional más cercana al alma, y no tanto al cuerpo.

TAREAS DE SEPTIEMBRE

- Revisa de cuál polo femenino te encuentras más cerca.
- Si eres hombre, revisa tu historia emocional y busca con qué polo de mujer te sientes más seguro.

OCTUBRE

Explora tus fantasías y baja la guardia

Es el inicio de la primavera: aparecen los colores, las temperaturas gratas y la ropa con más movimiento. Comenzamos a hacer deporte al aire libre y a juntarnos más en espacios abiertos. Sin duda, cambia el contacto con nuestro cuerpo.

La de este mes es una invitación a usar ropa interior distinta, a sentir que uno puede seducir desde otros ángulos. El desafío es innovar... Revisar lo que hemos utilizado en el invierno, rescatar y descartar, buscar conductas que faciliten el juego en cualquiera de los tres estados emocionales en que nos encontremos.

La lección de este mes podría ser la más entretenida de todas, porque si hay un área en la que se ha estimulado el rol de la seducción, esa es la fantasía.

Una fantasía es una construcción mental, una imagen que representa algo que me encantaría realizar sola o acompañada y que genera placer con el solo hecho de evocarla. No siempre se concreta, pero eso no parece importar mucho. Lo que cuenta es tenerla. Comentarla es otro tema, porque tiende a producir cierto grado de pudor y recato, por lo que solo se confiesa en espacios de mucha confianza.

Socialmente, de forma errónea, se ha catalogado a la fantasía como algo prohibido, pecaminoso y fuera del contexto de lo natural. La verdad es que la distorsión de la fantasía tiene más que ver con la transgresión de los valores que comparto o intento vivir.

Fantasear es parecido a soñar y el morbo que le hemos asignado tiene más que ver con causas culturales que con la misma identidad del proceso. Incluso, algunas fantasías pueden llevarse a la práctica si se respetan los códigos que explicaba anteriormente.

Por ejemplo, yo puedo fantasear con ponerme lencería roja, negra o blanca radiante, y esto debería ser posible en cualquiera de los estados emocionales descritos en el libro.

Si estoy acompañada es importante, dependiendo de la confianza que tenga con el otro, comentar algunas de las fantasías que se puedan vivir juntos, sobre todo las relacionadas con conductas lúdicas y con sacar al niño que llevamos dentro. Me refiero, en particular, a las que tienen que ver con juegos de roles.

Pero es necesario advertir que esto solo podemos hacerlo si el otro es seguro de sí mismo, porque, de lo contrario, provocaríamos un conflicto. Es fundamental que el código valórico de ambos sea el mismo para evitar distorsiones.

Aquí entramos en un tema interesante: ¿hay que contarle todo a la pareja? Mi opinión, incluso por experiencia propia, es que no. De pronto, por un arrojo de honestidad y por querer sacarnos algo que nos aprisiona, podemos producir mucho daño al otro. En nombre de la honestidad y del amor –nos consta–, históricamente los seres humanos somos capaces de grandes estupideces.

El papel de las fantasías es como el de los sueños: nos entregan información de nuestro mundo emocional y bajo esta perspectiva es positivo analizarlas y tomarlas en serio si son muy persistentes o si se transforman en un imperativo que nos impide vivir en forma normal. Si es así, es necesario pedir ayuda.

La información que nos entregan las fantasías nos puede indicar desde problemas emocionales con el otro hasta aspectos no resueltos de nuestra propia historia. Es muy beneficioso tener la capacidad de observar estos procesos internos y tan privados porque algo nos están indicando, ya sea que hay que atreverse a realizar algo o que existe un problema por solucionar.

Cuando estoy acompañado y llevo mucho tiempo en la relación, pueden aparecer fantasías. También es muy probable que nunca se hayan comentado por el miedo a meterse en este mundo que aparece como transgresor y poco permitido. Es muy frecuente en parejas mayores que, por factores culturales de su época, no asociaron la fantasía al juego, sino más bien al quiebre de reglas.

A las parejas más jóvenes, quizás producto de esta alternancia en los roles y a la sobreerotización de la sociedad, es más frecuente escucharlas hablar de estos temas y verlas incursionar en juegos de conocimiento mutuo. Lo recomendable es evaluar, en estos casos, si estos juegos hacen que pierdan o no la profundidad de la intimidad.

Para los que están solos, la fantasía forma parte de un espacio privado. Sí es frecuente comentarla en espacios de amistades íntimas que dan la confianza para reírse de esos temas, usándolos con el fin de conocer más del otro.

Los que están seduciendo no comentarán probablemente sus fantasías en este proceso, debido a que existe el pudor y el temor a ser mal evaluados por el otro. Para ellos, esto queda comúnmente en un espacio reservado, difícil de penetrar.

Así como es importante considerar la fantasía como una fuente de información relevante, también es necesario quitarle peso, porque le restamos libertad para expresarse.

Existen ciertos arquetipos de fantasías que forman parte de nuestro inconsciente colectivo. Por ejemplo, por parte de los hombres, tener un juego sexual con una enfermera o una colegiala. Para las mujeres, el arquetipo del hombre de color es un clásico. Y en el esquema de las relaciones, otros típicos: hacer el amor en un ascensor o en un escritorio. Muy al estilo de la película *Nueve semanas y media*.

Aun en estas situaciones, la fantasía siempre cae en algo que se convierte en morboso y patológico, y es entonces cuando hay que actuar para liberarla, con el fin de explorar en ella con mayor inocencia.

Sugiero ver si las fantasías están en nuestra mente y si podemos trabajarlas para descubrir su significado, pues esto puede ser más importante que realizarlas en el contexto de lo psicológico.

Es crucial rescatar el mensaje lúdico que tiene la fantasía. Ahí radica su parte más sana y la que podríamos compartir con el otro con el fin de hacer crecer nuestra relación.

Los quiero invitar a buscar dentro de sí: examinar si hay fantasías y sueños no realizados, y analizar el significado que puede tener ese contenido dentro de nuestras historias. El solo hecho de trabajar en eso bastará y les hará crecer como personas.

Es importante reflexionar en el cuándo o qué comentarle al otro, sobre todo los que están en pareja, acerca del tipo de fantasía que ha descubierto que tiene. Y solo es recomendable explicitarla cuando incluya a la pareja tal cual como es, sin que implique modificación en ella ni en la relación para ser satisfecha.

El mundo femenino es mucho más sensible frente a las posibles interpretaciones de la fantasía que su pareja pudiera proponerle. Por ejemplo, si él le pide que se ponga peluca o que se disfrace de policía, lo más seguro es que ella tenga la sensación y el temor de que él le está pidiendo ser otra persona. Por lo tanto, hay que tener cuidado con los impactos que puede generar en el otro la expresión de esa fantasía.

El gran desafío de esta lección es atreverse a buscar dentro de sí mismo y poder resolver, en forma privada, en primera instancia, si esa fantasía será ejecutada o no. Sin embargo, es una obligación buscar el significado emocional que esta tenga.

Para esto debemos eliminar resistencias y «bajar la guardia» para descubrir dentro de nosotros, quizás, aquellas partes más oscuras y entrar en un proceso de autoconocimiento real y profundo.

«Bajar la guardia» tiene que ver con dejarse llevar y con poseer la capacidad de entrar sin defensas, sin juicios y sin sanciones en lo que nuestra mente nos dice. Y también tener la humildad de pedir ayuda cuando sea necesario.

TAREAS DE OCTUBRE

- Busca formas de hacer conexión con el cambio de estación, desde lo corporal hasta lo emocional.
- Explora individualmente fantasías no resueltas para analizar su contenido emocional.

LECCIÓN 11
NOVIEMBRE
Solo escucha a tu corazón

La primavera* no solo trae la necesidad de cambios en el vestuario y en los espacios físicos; también nace con ella el deseo de estar acompañados.

Los que están en pareja experimentan un sentimiento de renovación, de querer hacer cosas distintas juntos, mucho más relacionadas con el aire libre.

Quienes no, comienzan a sentir la necesidad de encontrar un otro que les permita compartir su tiempo y que les elimine la sensación de soledad.

Para los que están en proceso de conquista, en tanto, esta es la etapa ideal, porque todo se traduce en seducir, en verse y sentirse atractivo. Se explota mejor el encanto o magnetismo que en el invierno es más difícil de mostrar.

---

* La primavera coincide con los meses de octubre y noviembre en el hemisferio sur.

En el mundo de la seducción pareciera que hay muchas cosas que no se pueden contar, o no libremente al menos. Si una mujer se compra ropa interior, recibe explícita o implícitamente la sanción del grupo, incluso de mujeres cercanas a ella. Que «anda en algo raro», que «se le soltaron las trenzas», que «encontró a alguien», que «tiene un secreto guardado». Es lo que escuchamos frecuentemente de parte de mujeres que, en un tono entre envidioso y curioso, hacen ver su crítica, disfrazada muchas veces de ironía.

Tenemos claro que una mujer se puede comprar ropa interior linda solo por un proceso de autocuidado personal y de autoconciencia de sí misma, y no necesariamente eso debe implicar el contacto con otro. Por lo tanto, si hay algo que hemos aprendido en este libro es cómo preguntarle honestamente a esta mujer por qué o para qué adquirió esa ropa. No deja de ser curioso lo que acabo de decir. Porque si ella se hubiera comprado un pantalón, un par de zapatos o una chaqueta, solo nos remitiríamos a comentar cuánto costó y si nos gustó o no. No le adjudicaríamos un significado de coquetería ni, menos aún, sexual. Nos queda mucho por aprender...

El caso de los hombres es distinto, porque ellos no comentan las compras que realizan, de modo que no se ven expuestos al comentario o a la broma. Hay mujeres que están adoptando la modalidad de no comentar que desean renovar su vestuario, para evitar justamente las suspicacias y los dobles mensajes, clásicos del mundo femenino.

Para la mujer que está en pareja y acompañada desde hace tiempo, evidentemente es más difícil de la noche a la mañana producir este cambio cultural. Ella tendrá que guardarse esta información o tener armada una respuesta que no genere sospechas, tanto para su pareja como para el mundo femenino que la rodea.

Si una mujer está sola, este acto de renovación parece innecesario, pero el comentario femenino tenderá a apoyarla, a reforzarla en su conducta y a hacerla sentir que muy pronto podrá usar esa adquisición con ese otro «mágico» que aparecerá para verla.

La que está en proceso de seducción es visto con curiosidad, alegría y hasta con cierto morbo por parte de sus compañeras, que disfrutan a través de ella de la experiencia que está viviendo.

En estos tres casos volvemos a caer en el mismo problema de siempre: en la aparente imposibilidad de sacarle a la ropa interior todo el poder de la seducción y entender que esta es mucho más amplia y más profunda.

No deja de ser llamativa la facilidad que tenemos las mujeres para erotizar la ropa interior, las velas, una mesa con rica comida y música, y la dificultad para erotizarnos de verdad en la intimidad de lo sexual con el otro.

Comer un chocolate o recibir una flor puede ser más erótico y romántico que estar con el otro teniendo actividad sexual. Esto es un llamado de atención a esa estructura descrita en *¡Viva la diferencia!* y que tiene que ver con el «pensamiento mágico», que lleva a algunas mujeres a configurar un mundo ideal como meta, que nada tiene que ver con el real, generando una inevitable frustración frente a sí mismas o al otro.

Tal vez, las mujeres que tengan mejor trabajado su pensamiento mágico puedan añadirle magia a la realidad que tienen, y no al revés. Es probable que ellas entiendan mejor que la seducción no pasa por un tema de cuerpo o de ropa, sino de actitud. Para seducir a otro, necesaria y obligatoriamente tengo que haber aprendido a cuidarme y a seducirme a mí misma.

Esta lección solicita no escuchar comentarios que aborten el autocuidado y la autoaceptación. Pide también poner los filtros necesarios para no dañar la autoestima.

Definitivamente, en este campo hay cosas que tienen que quedar en el mundo de lo privado. Y no me refiero a no comentarlas, sino a saber específicamente con quién se hace.

TAREAS DE NOVIEMBRE

- Escucha qué quieres hacer desde tu corazón.
- Considera con humildad la opinión de los otros.
- Aprende a poner filtros para tomar con madurez tus propias decisiones.

DICIEMBRE

Muestra por fuera lo que eres por dentro

Ya estamos en la última lección y es fin de año. Diciembre es un mes estresante, lleno de actividades y de obligaciones, que fácilmente podría hacernos perder el norte que nos propusimos al comenzar este libro.

Sin embargo, este mes nos da la posibilidad de ser protagonistas de un gran número de situaciones en beneficio de los que queremos. Hay graduaciones, licenciaturas, fiestas de fin de año y Navidad. Considerando el significado de todas estas celebraciones, el llamado de esta lección es a preguntarnos cómo vamos a poner en práctica las conductas aprendidas o revisadas durante todos estos meses.

Algunos de ustedes, hombres y mujeres, deben estar esperando encontrar a la persona adecuada para conversar o llevar a cabo lo aprendido. Si es así, significa que han entendido poco de este libro, porque la idea central es comprender que así como se aprende a amar, también se aprende a seducir. Pasa por una serie de conductas que están más asociadas a la voluntad que a la inspiración divina. De hecho, les puedo asegurar que esa inspiración viene justo después de haberla realizado.

A través del autoconocimiento, de la autoexplicación y de reconocernos frágiles y multifacéticos es que nos hemos conectado simplemente con lo que somos, para desde ahí asumir que si estoy solo tengo la obligación de cuidarme, de quererme y de tratarme lo mejor posible.

Por supuesto, esto incluye nuestro ejemplo magistral, el de la ropa interior, el mayor ícono que representa todas las ambivalencias y las contradicciones que la seducción tiene en el marco cultural en que nos movemos.

Me gustaría que en este mes ustedes se atrevan en la práctica y en lo cotidiano a *ocuparse* del tema y no a *preocuparse* por él. Que puedan comprarse ropa interior por gusto, simplemente por hacer el ejercicio de asumir en una conducta como esta una de las representaciones del autocuidado, de la feminidad y de la delicadeza, entendiendo que esto es primero para uno y después para el otro.

Querría que los que están en pareja se junten específicamente a conversar y a decirse lo que sienten respecto a este tema, estén o no de acuerdo con los contenidos de este libro.

Y, también, que quienes están en proceso de conquista entiendan y vivan que esta etapa no solo se relaciona con lo que hagan con su cuerpo, sino con el alma.

Esta es una lección que nos invita a hacer cosas; no solo a procesos de reflexión, sino a ser capaces de llevarlos a la práctica. Tanto hombres como mujeres, tanto gente sola como acompañada, han podido ya caminar por un estadio reflexivo. Pues llegó la hora de actuar y de hacer desde la voluntad y el esfuerzo el primer proceso y motor de cambio.

Lo mejor de nosotros en la vida no siempre nos ha nacido espontáneamente. En general, ha sido fruto más de perseverancia, de constancia y de esfuerzo que de otras motivaciones. Llegó el momento de hacer una planificación diaria, semanal, donde cada uno, en la más profunda libertad, pueda decidir cómo y de qué forma va a trabajar los contenidos de este libro.

Esta lección invita a mostrar por fuera lo que uno es por dentro. ¿Cuál es el significado de esto? Tiene que ver con recuperar lo mejor que tuvo cada una de las lecciones anteriores; es decir, entender que nadie da lo que no tiene adentro, que no sirve andar con una camiseta bonita si por dentro llevo un sostén viejo, no estoy depilada o me he descuidado en ir al médico.

Si hay alguna lección de este libro que les pareció más compleja o más difícil de entender, les recomiendo volver a ella e intentar ejercitar algunas de las pautas que allí se plantearon. Hay que entender, claro, que este es un camino que se puede leer en forma continua y pausada, y que respeta o permite todas las libertades y ritmos posibles.

En un momento planteamos que este libro iba desde lo relacional a lo individual. Pero al llegar a esta lección quizás el comienzo es al revés, porque habiendo trabajado todo lo individual, podemos pasar a lo relacional. Con esto no quiero decir que para la gente que está sola sea necesario encontrar a otro, sino que es una invitación a que el aspecto relacional del cual hablamos funcione bien primero dentro de cada uno.

Siempre es claro que el mejor amigo por construir está dentro de uno mismo, que uno se tiene que aprender a querer, a retar, a cuidar y a consolar. A uno mismo, primero, y quizás entonces, cuando esté construida la imagen de una pareja interna, sea más fácil configurar una pareja externa, en forma sana y positiva.

La tarea específica es construir voluntariamente esta pareja interna que permitirá iniciar el camino de crecimiento personal basado en la autoestima y no en la presencia de otro que cubra las propias necesidades.

Escribiendo esto recordé la clásica frase de «estoy esperando a mi media naranja». Nada más lejano a la realidad de este libro, ya que debo ser lo más «naranja completa» posible para encontrar a otro igualmente completo. Eso genera un encuentro sano, porque está basado en compartir experiencias y no en que alguien llegue a hacerse cargo de uno.

Esa es la invitación final de esta lección: desde la voluntad, desde el esfuerzo, desde el volver atrás –incluso en el libro mismo–, trabajar activamente en esta pareja interna con el fin de poder depositar lo mejor de mí en los otros. No necesariamente digo pareja: me refiero a todos los otros significativos para mí.

TAREA DE DICIEMBRE

- Ejecuta desde la voluntad tu propio plan de seducción.

CONCLUSIONES

La verdad que sumergirme en este mundo ha sido apasionante y un camino que, por lo menos a mí, me ha hecho pensar en parte de mi historia y en la forma de autocuidarme. Debo reconocer, entonces, que tengo muchas tareas pendientes. Miro con nostalgia a las mujeres centroamericanas que me ayudaron y que me mostraron una feminidad de la cual yo tengo mucho que aprender.

Entrar en el mundo de la seducción es llegar a un espacio de sensaciones, aromas, texturas y mundos secretos difíciles de compartir.

Quiero quedarme con una frase que mencioné: «En la vida solo nos movemos por dos motores: el amor y el miedo». En la medida en que avanzaban estas lecciones, comprobaba con toda magnitud la veracidad de esa frase.

La verdadera y profunda seducción, la que tiene que ver con el alma, la que refleja el encanto y ese magnetismo que nos hace ser diferentes el uno del otro, solo está motivada desde el amor y no desde el miedo, que es el que controla, el que se exhibe y el que reduce el concepto al cuerpo y lo separa de lo más grande que él transporta: nuestro mundo interior.

Este concepto de seducción es amplio y generoso, y no tiene que ver solamente con los ideales de belleza, aunque los incorpora. En este caben también los que no se sienten hermosos. Todos tienen un espacio para sentir que pueden cautivar a otro y, lo que es mejor, si ese otro no existe, tengo la obligación de hacerlo conmigo mismo.

El ejemplo que he utilizado como «caballito de batalla» sirve mucho para explicar por qué particularmente las mujeres no se compran ropa interior, a no ser que sea por necesidad o por estar en proceso de conquista.

Espero haber dejado claro que, en la medida en que le saquemos el peso sexual a esa ropa, mi obligación es andar lo mejor que pueda siempre y no solo cuando otro pueda verme.

Creo firmemente que en una sociedad sobreerotizada como la que hemos ido generando, volver a rescatar el pudor y la intimidad como un acto de entrega que incorpore los afectos, los valores y la espiritualidad, es nuestro gran desafío. De esta manera, ser femenina irá más allá de unos implantes y de llegar a tener un cuerpo perfecto. Tendrá más que ver con la delicadeza, con el valor de la experiencia y con la belleza de las arrugas como parte de nuestra historia, ya que sin ella no somos nada. Tiene que ver con recuperar el calor del útero y la maravilla y el orgullo de tenerlo.

Y en el caso de los hombres, aprender que la galantería y la caballerosidad nada tienen que ver con el machismo. Que un hombre que expresa lo que siente siempre va a ser más valorado que alguien que exacerba la masculinidad como un signo de prepotencia y agresividad.

Ojalá todos recuperemos nuestra verdadera seducción, esa que tiene que ver más con la personalidad que con la coquetería. Esa que nos llama a cuidarnos para estar más lindos, pero desde adentro y no solo desde afuera. La que nos llama a ser encantadores, amables y solidarios. La que nos induce a ser buenos líderes y mamás seductoras con los hijos. Así cada uno va a poder desarrollar sus mejores talentos para llegar a los que ama.

Si usted leyó este libro de un tirón o lo hizo lección por lección, habrá descubierto que tiene muchas cosas que revisar. Solo pretendí mostrar caminos, generar preguntas y, sobre todo, ganas de conversar.

Algunas mujeres a las que les pasé el bosquejo de este libro comenzaron en forma sorprendente a revisar sus vidas y sus encantos.

Me parece genial que eso sea visto como el comienzo de algo que llevará a un crecimiento personal. Y que estar depilada en invierno y verano puede ser también una forma de empezar.

El autocuidado tiene que reformularse desde el encanto y no solo desde la salud; es aquí donde comienza el maravilloso trabajo de estas doce lecciones, que incluyen además los factores del clima y que nos invitan a revisar desde lo individual todo lo que tenemos que aprender.

En este camino nadie queda fuera: los acompañados hace mucho tiempo, los que están solos y los que están en pleno conocimiento del otro. Todos debemos recuperar esa capacidad de encantar y atraer, fuera del contexto sexual al cual erróneamente le hemos dado tanta y desproporcionada importancia.

La sexualidad es un proceso complejo que incluye todas las áreas que nos hacen ser lo seres humanos que somos. El sexo es entretenido, pero si no se vive desde la plenitud afectiva y valórica, queda reducido a un acto gimnástico que puede hacer bien, pero que al final no siempre llena el alma.

Escribir este libro fue un proceso hermoso. Escuchar a tantas mujeres y hombres desnudar su alma fue una experiencia difícil de olvidar. Y luego dejar, en doce lecciones, toda esa información para recuperar el verdadero sentido de la seducción fue un camino del cual me declaro una de sus primeras alumnas. Tendré que aprender a autocuidarme en mi experiencia de estar sola: me voy a comprar ropa interior por gusto, quizás este sea el primer paso.

Seguramente nos encontraremos en otro libro, en otro espacio, donde Dios así lo quiera...

AGRADECIMIENTOS

Agradecer en este libro es tarea fácil. Tengo que dar gracias a todas y cada una de las personas que participaron en la búsqueda de la información. Miles de mujeres y hombres que entregaron en forma anónima, desinteresada y generosa su historia para poder llegar a estas doce lecciones como un trabajo anual que al final enseña a querernos y a cuidarnos.

A Dios, que me ayuda todos los días a pararme y que me impone desafíos para poder dejar una pequeña huella en este país que tanto amo.

A Natalia, mi amiga y periodista querida, que en mis momentos de parálisis con tanta información sacó de manera mágica los contenidos de mi cabeza y me acompañó en todo este proceso con tanto cariño, calma y profesionalismo.

A mis hijos, Nicole y Cristián, quienes otra vez han tenido que «entender» que su madre tenía el imperativo de escribir de nuevo algo que la gente me pedía. ¡La madre que les fue a tocar! Mil gracias a ellos por su generosidad, sus risas y su respeto. Sin duda ayudaron.

A mis padres, mamá y papá, viejos sabios que me estimularon a escribir sobre algo tan delicado. Escribir sobre sexualidad no es fácil, porque o uno cae en ser muy docta y compleja o en el lenguaje de lo cotidiano que deslinda en lo burdo. Espero haber encontrado algo de ese equilibrio necesario.

Finalmente a la vida, ese proceso maravilloso y desafiante que nos hace estar alertas en lo frágiles que somos y en que lo que haya que entregar hay que hacerlo ahora. Mañana puede ser demasiado tarde.

Planeta

España
Av. Diagonal, 662-664
08034 Barcelona (España)
Tel. (34) 93 492 80 36
Fax (34) 93 496 70 58
Mail: info@planetaint.com
www.planeta.es
www.planetadelibros.com

Argentina
Av. Independencia, 1668
C1100 ABQ Buenos Aires
(Argentina)
Tel. (5411) 4382 40 43/45
Fax (5411) 4383 37 93
Mail: info@eplaneta.com.ar
www.editorialplaneta.com.ar

Brasil
Rua Ministro Rocha Azevedo, 346 -
8º andar
Bairro Cerqueira César
01410-000 São Paulo, SP (Brasil)
Tel. (5511) 3088 25 88
Fax (5511) 3898 20 39
Mail: info@editoraplaneta.com.br

Chile
Av. 11 de Septiembre, 2353,
piso 16
Torre San Ramón, Providencia
Santiago (Chile)
Tel. (562) 652 29 00
Fax (562) 652 29 12
Mail: info@planeta.cl
www.editorialplaneta.cl

Colombia
Calle 73, 7-60, pisos 7 al 11
Santafé de Bogotá, D.C.
(Colombia)
Tel. (571) 607 99 97
Fax (571) 607 99 76
Mail: info@planeta.com.co
www.editorialplaneta.com.co

Ecuador
Whymper, 27-166 y Av. Orellana
Quito (Ecuador)
Tel. (5932) 290 89 99
Fax (5932) 250 72 34
Mail: planeta@access.net.ec
www.editorialplaneta.com.ec

Estados Unidos y Centroamérica
2057 NW 87th Avenue
33172 Miami, Florida (USA)
Tel. (1305) 470 0016
Fax (1305) 470 62 67
Mail: infosales@planetapublishing.com
www.planeta.es

México
Presidente Masaryk 1111, 2º piso
Col. Chapultepec Morales
Deleg. Miguel Hidalgo
11570 México, D.F.
Tel. (52 55) 3000 6200
Fax (52 55) 3000 6257
Mail: info@planeta.com.mx
www.editorialplaneta.com.mx
www.planeta.com.mx

Perú
Grupo Editor
Jirón Talara, 223
Jesús María, Lima (Perú)
Tel. (511) 424 56 57
Fax (511) 424 51 49
www.editorialplaneta.com.co

Portugal
Publicações Dom Quixote
Rua Ivone Silva, 6, 2.º
1050-124 Lisboa (Portugal)
Tel. (351) 21 120 90 00
Fax (351) 21 120 90 39
Mail: editorial@dquixote.pt
www.dquixote.pt

Uruguay
Cuareim, 1647
11100 Montevideo (Uruguay)
Tel. (5982) 901 40 26
Fax (5982) 902 25 50
Mail: info@planeta.com.uy
www.editorialplaneta.com.uy

Venezuela
Calle Madrid, entre New York y Trinidad
Quinta Toscanella
Las Mercedes, Caracas (Venezuela)
Tel. (58212) 991 33 38
Fax (58212) 991 37 92
Mail: info@planeta.com.ve
www.editorialplaneta.com.ve

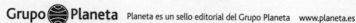
Grupo Planeta   Planeta es un sello editorial del Grupo Planeta   www.planeta.es